MIGRANTS
BÉNIS

Ai-je jamais traversé votre allée?

Ai- je jamais fait une pause sur votre route?

Vous ai-je jamais remarqué?

Avez-vous jamais existé?

Ai-je jamais lavé vos pieds?

Ai-je jamais regardé dans vos yeux?

Ai-je jamais dit que je me soucie?

Samuel Lee

MIGRANTS BÉNIS

Une perspective biblique sur la Migration et ce que chaque Migrant a besoin de savoir.

SAMUEL LEE

FOUNDATION PRESS

MIGRANTS BÉNIS

Une Perspective Biblique sur la Migration et ce que chaque Migrant a besoin de savoir

Foundation Press est la division non-académique de Foundation University Press.

Les livres de Samuel LEE peuvent être commandés avec des libraires ou
en contactant:

Foundation Press
Boite Postale 12429
1100 AK Amsterdam
Les Pays-Bas
office@foundationuniversity.com

ISBN: 978-94-90179-06-9

TABLE DES MATIÈRES

«Selon la Bible, chaque fois que DIEU a voulu bénir et transformer une nation puissante, Il a utilisé des étrangers et des migrants—Joseph, Daniel, Esther, Paul, etc.... Je crois que la relance mondiale serait introduite par des personnes que DIEU a souverainement conduit à quitter leur pays natal afin d'être investies dans un autre pays pour voir sa démarche en direction du destin et du but de DIEU. Samuel LEE a parlé de cette vérité souvent négligée dans son livre «Migrants Bénis». Je recommande fortement Samuel LEE et ce livre qui, sans aucun doute, vient de son coeur.»

Ed Silvoso
Auteur, *Oint pour Affaire*
Président, Évangélisme Harvest, Inc.

«À une heure où les églises en Occident se réduisent, DIEU a répandu Son Esprit sur les nations d'Afrique, d'Asie, et d'Amérique Latine. Et maintenant, Il envoie des personnes de ces régions du monde pour atteindre l'Europe et l'Amérique du Nord pour Jésus Christ.

Samuel LEE, qui a immigré en Europe lui-même, du Moyen- Orient, a découvert une des stratégies clés de l'Esprit Saint pour le renouveau. Je recommande fortement ce livre à tout celui qui se soucie de l'évangélisme mondial.»

J. Lee Grady
Rédacteur en chef, *Magazine Charisma*

«Le livre «Migrants Bénis» de Samuel LEE est un livre béni, et une obligation de lecture pour tout le monde migrant à travers cette vie sur la terre. Les personnes, aujourd'hui, sont plus mobiles, que jamais auparavant, et nous avons tous besoin d'une plus grande compréhension des personnes en période de transition. Ce livre vous instruira et vous éclairera pour voir les migrants comme DIEU les voit.

Docteur Samuel LEE est un enseignant moderne qui donne des faits et des informations pour vous armer. Comme un pasteur moderne, il révèle le coeur du Père sur ce sujet incroyable. Comme un évangéliste moderne, il donne une stratégie pour l'âme gagnante qui est révolutionnaire. Comme un prophète moderne, il offre la révélation sur le sujet et discute la tendance future qu'il voit. Samuel LEE décrit le plan du Seigneur pour la construction des nations à travers les migrants. Je vous recommande de lire et de donner une copie de cet important livre à un ami.»

John P. Kelly
Président,
DEDA(Direction de l'Éducation pour le
Développement Apostolique)

AVANT-PROPOS
PAR LE FRÈRE ANDREW

• •

Ne me demander jamais de consacrer une église pour les migrants dans un pays restreint- une terre de persécution. Wally, mon meilleur ami philippin, a fait juste cela. Nous nous sommes rencontrés en Arabie Saoudite, où j'avais voyagé et prêché autant que je pouvais. Lui, bien sûr, y vivait là avec des milliers de Chrétiens nés de nouveau. Les Migrants!

Un jour, il m'a demandé de consacrer leur nouvelle église (je ne vous dirai pas où c'était, mais c'était tout à fait un grand hall). Comment bien je me rappelle l'événement. J'ai prêché sur révélation 17, particulièrement les versets 13 et 14, dans lesquels tous les pouvoirs du mal s'unissent pour faire la guerre contre l'Agneau. Aucun pouvoir, seul, ne peut tuer l'église, mais unies, les forces du mal pensent qu'elles ont une chance.

La persécution, je le dit alors, n'était pas autant contre nous que les gens, mais contre l'Agneau de Dieu, Jésus, qui vivait (et vit) en nous. Il y avait une chose, cependant, que l'ennemi ne savait pas—qu' il ne gagnerait pas. Jésus gagnerait. L'Agneau de DIEU gagnerait parce qu'Il était (et est) Seigneur des Seigneurs et Roi des Rois. Rappelez-vous, au milieu de la persécution, pas seulement dans un choeur tri-omphal glorieux, nous chanterions. En outre, ceux qui sont appelés les élus et les fidèles gagneraient parce que Jésus était (et est) en nous. Toutefois, la persécu-tion ne serait pas agréable. Beaucoup de souffrances auraient lieu, et DIEU réconforterait et nous dirait, «Cela continuera seulement jusqu'à ce que les paroles de DIEU soient accomplies.»(Révélation 17:17).

Nous avions eu un grand temps. Le lendemain, la Mutawa (police religieuse) est venue. Elle a détruit l'intérieur de la chambre, les meubles, et les instru-ments de musique. Elle a aussi arrêté les dirigeants. Wally a fini en prison, et après un simulacre de procès, un juge l'a condamné à mort par pendaison le matin de noel. Durant son incarcération, la police l'a interrogé, battu, et torturé. Maintes et maintes fois, dans ce qui aurait pu être une réponse à sa prière dés-espérée—il a entendu les mots, «Jusqu'à ce que les paroles de DIEU soient accomplies.»

Une nuit noire—oh glorieuse—une lumière bril-lante brillait dans sa cellule, et là se tenait debout Jésus. L'Agneau.

Son Ami, Hallelujah. Jésus l'a touché. Jésus l'a guéri. Et après que Jésus le quitta, Wally regardait son corps. Même les vilaines cicatrices avaient disparues. Je dois avouer que Wally a été un peu déçu. Comment pourrait-il plus tard révéler à ses amis qu'il avait été si sauvagement torturé? Cela n'est-il pas drôle? La veille de noel, le gouvernement a soudainement libéré Wally et renvoyé chez lui—la fin de son évangélisme migrant, mais sûrement pas pour les autres. Les paroles de DIEU avaient été bien accomplies. Et mon cher ami, mon frère migrant ou ma soeur, vous ne pouvez pas le savoir, mais vous êtes ici dans un certain pays parce que la parole de DIEU est au-dessus de votre vie. Y a-t-il un prix à payer?

Oui. Y a-t-il une récompense à recevoir? Oui. Oui. Oui. Vous aidez à accomplir la parole de DIEU. L'Agneau gagne, et avec Lui, les migrants et tous ceux qui appartiennent au Corps du Christ gagnent.

Frère Andrew
Auteur de, *le Contrebandier de DIEU*
Fondateur et Président de Emeritus
des Portes Ouvertes

Avant-Propos
par l'Évêque Villanueva

* *

Selon divers rapports et études publiés, le gouvernement Philippin envoie plus d'un million de nos
ressortissants à l'étranger chaque année pour travailler à travers son programme d'emploi d'outre-mer.
Comme résultat, il y a plus de 11 million de travailleurs Philippins dans le monde aujourd'hui.
J'aimerais croire, cependant, que le nombre réel
pourrait être intensément plus grand que ce qui est
rapporté. Parce que dans mes vingt-neuf ans de ministère évangéliste, dans les pays et lieux, où j'ai été
envoyé par le Seigneur de visiter ou de planter des
églises, je n'ai jamais manqué de rencontrer une de
mes propres personnes. Oui, mes bien-aimés à la
peau brune, petits de structure, encore des compatriotes au grand coeur, qui sont fortement favorisés pour
leur intégrité, intelligence, aisance, foi, et passion.

Aux Philippines, ils sont acclamés comme nos héros des temps modernes. Parce que l'argent qu'ils envoient à leurs familles reste le plus grand facteur de soutien pour notre économie volatile. Mais leur grandeur ne réside pas uniquement dans l'argent qu'ils envoient sacrificiellement pour leurs proches aimés; il s'étend plus en grande partie à l'influence globale indiscutable qu'ils créent – juste là où ils sont placés par DIEU.

Oui, le Seigneur est capable de bénir Son peuple même en terre étrangère. Oui, il y a un bonheur intrinsèque même en étant migrant. Docteur Samuel LEE a libellé cela succinctement dans ce livre dynamique, «Migrants bénis».

Il y a une puissance indicible que l'influence pieuse des pèlerins fidèles du Seigneur dans leur destin conçu de DIEU peut déclencher s'ils deviennent comme Joseph, Ruth, ou Paul dans Son Royaume. Sûrement, si nous étions aussi consentants, nous pourrions aussi devenir des instruments puissants entre les mains de notre DIEU tout-puissant, en particulier dans la récolte mondiale d'âmes.

Oui, la vie, en elle-même, est un voyage. Oui, chacun de nous est un voyageur. Je suis certain qu'à un moment donné de notre vie, d'une façon ou d'une autre, nous sommes devenus tous des migrants. Parce que la migration ne veut pas seulement dire la délocalisation géographique; plutôt, elle implique notre recherche apparemment sans fin pour notre juste place au soleil. Avec reconnaissance, le Fils Bien-aimé a ouvert la voie pour nous pour le trouver par la croix et par Son sacrifice. Lève-toi, migrant béni. Nous passerons cette voie seulement une fois. Rendre compte pour le Messie Bien-aimé.

Évêque Eddie C. Villanueva
Président International de Jésus est Seigneur,
Église Mondiale

INTRODUCTION

Il y a approximativement 150 million de personnes qui résident hors de leur pays d'origine. Nous appelons ces personnes des migrants. Probablement, 33% de ces migrants sont, d'une manière ou d'une autre des chrétiens, et peut-être, que vous êtes un d'eux. Je suis sûr que vous aviez une raison pour quitter votre domicile. Peut-être que vous êtes un travailleur domestique, un demandeur d'asile politique, un migrant économique, ou un réfugié de guerre, ou vous avez une autre raison que je ne peux pas imaginer, ou une raison qui est trop dangereuse à ne pas mentionner dans ce livre. Ce livre vous aidera à comprendre que, peu importe où, et qui vous êtes, DIEU vous a béni, ce qui fait de vous un migrant béni. Comment êtes-vous béni? Je vais essayer de vous montrer cela dans ce livre.

Ou peut-être, vous n'êtes pas un migrant, mais un hôte des migrants. Vous voyez votre pays mélangé

avec des personnes d'origines ethniques différentes,
et avec différentes couleurs de peau, de religions, et
de langues. Ce livre peut vous aider à comprendre,
surtout de manière biblique, le rôle des migrants dans
votre société.

Au cas où vous n'êtes pas Chrétien, et que vous
suivez une autre foi, ou que vous n'ayez aucune foi
du tout, ne vous sentez pas exclu. Même si les histoires dans ce livre sont de la Bible, elles décrivent
toujours les réalités de la vie humaine. Donc, le livre
partage les principes universels qui vous aideront à
devenir un hôte ou un migrant couronné de succès.
Que vous soyez de metro Manille, aux Philippines;
du centre de la ville d'Abuja, au Nigeria; ou de
Kumassi, au Ghana; et finissant en Europe, au Japon,
ou aux États-Unis d'Amérique, vous pouvez utiliser
les principes dans ce livre pour devenir un migrant
heureux et une bénédiction pour votre pays d'accueil.

Dans la partie 1, je parle du rôle des migrants
bibliques.

Qui étaient les migrants dans la Bible? Pourquoi
avaient-ils émigré? Quelles étaient leurs conditions de
vie quand ils ont émigré? et comment ces conditions se
sont développées plus tard? Espérant, entre les lignes
de ces histoires bibliques magnifiques, vous pouvez
découvrir votre propre histoire, et réaliser que vous
êtes un Abraham moderne, Joseph, Jacob, et Ruth.

Dans la partie 2, je me concentre sur les migrants
d'aujourd'hui. Qui sont-ils? Pourquoi voyagent-ils à

l'étranger? Quel est leur rôle dans le plan de DIEU pour l'évangélisation du monde? Quelles sont les conditions bibliques pour un migrant à être béni, et comment un migrant Chrétien devrait se comporter par rapport à d'autres cultures et aux pays d'accueil? En dernier, quels sont les rôles des pays d'accueil, et le corps du Christ à l'égard des migrants? Chaque chapitre décrit un pays exportant un migrant, et peut-être utilisé comme une étude de cas. J'espère que vous découvrirez votre rôle dans le royaume de DIEU en devenant un instrument d'amour et une bénédiction pour les autres.

Samuel LEE, un Migrant Béni

PARTIE 1

LES MIGRANTS DANS LA BIBLE

1

La théologie des Migrants

DIEU a Sa propre déclaration au sujet des migrants. Il les aime. Il prend soin d'eux, et vous demande d'en faire de même.

Le désir de DIEU pour les migrants peut-être résumé en cinq grands points dans la Bible:

1. DIEU a un amour spécial pour les migrants (Deutéronome 10:18)
2. Ils ne devraient pas être oppressés (Exode 22:21, Lévitique 19:33–34).
3. Les Migrants devraient jouir d'une protection égale (Lévitique 24:22; 25:35; Deutéronome 1:16–17; 24:17–21).
4. Les Migrants devraient avoir la chance de partager des responsabilités égales (Exode 20:8–10; Nombres 15:14–16).
5. DIEU condamne les nations toutes les fois qu'elles oppressent les migrants (Psaumes 94:6; Ezéchiel 22:7, 29)

Dans Deutéronome, DIEU explicitement montre Son amour des migrants, «Pourtant le Seigneur plaça son affection sur vos ancêtres, et les a aimés, et il vous a choisi, leurs descendants, par-dessus toutes les nations, comme c'est aujourd'hui.

Purifier vos coeurs, donc, et ne soyez pas intraitable plus longtemps. Parce que le Seigneur votre DIEU, est DIEU des dieux, et Seigneur des seigneurs, le grand DIEU, puissant et redoutable, qui ne montre aucune partialité, et n'accepte aucun dessous de table. Il défend la cause de l'orphelin et de la veuve, et aime l'étranger, lui donne à manger et des vêtements. Et vous devez aimer ceux qui sont des étrangers, parce que vous-mêmes, étiez des étrangers en Égypte. Craignez le Seigneur, votre DIEU, et servez le. Tu t'attacheras à lui, et tu jureras par son nom.»(Deutéronome 10:15–20, accent à ajouter). DIEU a parlé aux Israélites de ne pas être des entêtés, et ils doivent se rappeler d'où ils sont venus —- qu'ils avaient été une fois des migrants en Égypte. L'amour de DIEU pour les migrants ne se soucie pas de qui sont-ils, qu'est-ce qu'ils croient, ou de quelle origine ethnique ils viennent. DIEU aime les migrants, et Il entend leurs coeurs quand ils Le prient.

Les paroles de DIEU dans la Bible sont aussi pour aujourd'hui. Chaque nation et chaque peuple devraient être conscients de son passé, et DIEU a voulu rappeler aux Israélites leur passé en Égypte. L'Europe, par exemple, a connu la 2ème guerre mondiale, où hommes et femmes devaient fuir, se cacher, et souffrir pendant ces jours dans le passé. Ce qu'Hitler a fait à ces nations est au-delà de l'imagination. Encore aujourd'hui, plusieurs en Europe, particulièrement les gouvernements et les législateurs, oublient que l'injustice et les cruautés du diable, une fois, les oppriment. Ils oublient qu'ils ont aussi une fois, dû partir en courant. Ce qui blesse mon coeur le plus, est comment certain migrants se conduisent les uns envers les autres. La discrimination et le racisme ne sont pas seulement le fait des noirs et des blancs, parce que ces sentiments peuvent fonctionner très forts dans des groupes ethniques. Par exemple, cela m'étonne, comment des personnes de différentes tribus dans le même pays Africain, se discriminent les uns contre les autres. Cela peut causer d'énormes problèmes si l'enfant d'un migrant choisit d'épouser une personne d'une autre tribu. Cela m'étonne, même plus, que des personnes avec ces types de préjugés osent s'appeler chrétiens. Aussi, en Europe, je remarque que certains migrants de la même origine ethnique deviennent des pierres d'achoppement les uns contre les autres, à cause de la jalousie, l'envie, la colère. Certaines personnes qui ont un permis de séjour ou une carte verte, pensent qu'elles sont supérieures à leurs compatriotes qui sont illégaux. Cela est une honte. Vous ne pouvez pas demander le respect et le traitement égal à une nation hôte quand tu discrimines contre tes propres concitoyens. DIEU avait dit aux Israélites qu'ils devaient se rappeler leur passé et que, eux aussi, avaient été une fois des migrants en Égypte. Ce commandement de DIEU est valable aujourd'hui pour nous tous.

Deux, DIEU demande à chaque nation de ne pas opprimer ses migrants. «Quand un étranger (migrant) vit avec vous dans votre pays, prière ne pas le maltraiter. L'étranger vivant avec vous doit être traité comme un des vôtres. Aimez-le comme vous-même, parce que vous étiez des étrangers en Égypte. Je suis le Seigneur, votre DIEU». (Lévitique 19:33–34, accent à ajouter).

Les migrants devraient jouir des droits égaux et non pas être maltraités. Ceci est un commandement de DIEU. Parfois, les gens traitent les migrants comme des citoyens de troisième classe, parce qu'ils sont des étrangers, ils sont moins payés et n'ont pas de droits, surtout quand ils sont des illégaux. Ce problème a une histoire en Amérique, et les États-Unis doivent se rappeler ce que l'esclavage a fait au pays. D'approximativement 1619 à 1865, presque 250 ans, l'esclavage a relancé l'économie Américaine. L'économie Américaine a évité de payer les salaires d'une partie de sa main d'oeuvre qui a permis à l'économie de fleurir. Pensez-y à cela:si j'ai une affaire avec deux cents salariés qui travaillent pour moi gratuitement, j'économiserai beaucoup d'argent et serai capable de créer ma richesse personnelle. Aujourd'hui, il y a des exemples tout aussi sérieux. Les migrants domestiques qui travaillent en Europe sont souvent des femmes venues des Philippines, d'Amérique du Sud, des pays Africains, ou d'autres nations; ces femmes gardent les enfants de la classe supérieure. Mais parce qu'ils sont des immigrants non documentés, ils n'ont pas des droits pour se défendre si quelqu'un les traite injustement. Je lutte personnellement pour les droits de ces migrants, et parfois, ils sont traités comme s'ils étaient des criminels. Plusieurs sont vos frères et soeurs chrétiens. (Si vous êtes un migrant dans ces circonstances, prier et soyez assuré que DIEU entend vos prières et connaît vos larmes. Aussi, essayez de vous connecter avec des organisations qui aident les migrants, et elles pourraient être capables de vous aider).

Trois, la Bible est clair qu'il devrait y avoir des droits égaux entre les habitants du pays et les migrants. C'est un commandement biblique de protéger les migrants légalement. Les gouvernements ne devraient pas discriminer quand il s'agit de pratiquer le droit et la réalisation de la justice. Selon la loi, les migrants sont égaux, mais en pratique, cela est souvent négligé. «Vous aurez la même loi, pour l'étranger comme pour l'indigène; car je suis l'Éternel votre DIEU.»(Lévitique 24:22). En même temps, les migrants ne doivent pas abuser de leur droit à l'égalité. Souvent, je dois donner des conseils à des migrants qui essaient d'abuser le système. Ce genre de personnes poussent les gouvernements à devenir plus stricts, et comme résultat, cela affecte de nombreux migrants innocents et décents.

Quatre, les migrants devraient avoir la chance pour des responsabilités égales. «Si un étranger séjournant chez vous, ou se trouvant à l'avenir au milieu de vous, offre un sacrifice consumé par le feu, d'une agréable odeur à l'Éternel, il l'offrira de la même manière que vous. Il y aura une seule loi pour toute l'assemblée, pour vous et pour l'étranger en séjour au milieu de vous; ce sera une loi perpétuelle parmi vos descendants:il en sera de l'étranger comme de vous, devant l'Éternel. Il y aura une seule loi et une seule ordonnance pour vous et pour l'étranger en séjour parmi vous.»(Nombres 15:14–16). Les migrants doivent participer à chacune des responsabilités sociales du pays d'accueil; de cette manière, ils ont l'occasion de servir la nation dans laquelle ils tiennent des droits égaux.

Finalement, DIEU est très clair, que les nations qui ne sont pas amicales avec les migrants seront jugées et condamnées chaque fois qu'elles oppriment les migrants. DIEU méprise les nations opprimant les migrants, et en fin de compte, ces nations récolteront ce qu'elles auraient semé. «Au-dedans de toi, l'on méprise père et mère, on maltraite l'étranger, on opprime l'orphelin et la veuve.»(Ézéchiel 22:7), «Le peuple du pays se livre à la violence, commet des rapines, opprime le malheureux et l'indigent, foule l'étranger contre toute justice.»(Ézéchiel 22:29). C'est clair que DIEU est le DIEU des migrants, et Il défend les migrants qui souffrent, qui ne peuvent pas se défendre eux-mêmes quand quelqu'un les opprime, les abuse, ou leur fait du mal. DIEU les soutient, sans tenir compte de leur race ou de leur religion, et DIEU observe les nations pour voir comment elles traitent leurs migrants.

Néanmoins, DIEU demande aux migrants d'être honnêtes et respectueux envers leur pays d'accueil. Sinon, pourquoi vivent-ils là? Parfois, je marche dans quelques quartiers d'Amsterdam, et à mon regret le plus profond, je vois les étrangers, surtout les jeunes, traitant brutalement les personnes âgées ou les femmes, en les brutalisant. Certains Hollandais ne marchent pas dans ces voisinages parce qu'ils ont peur d'être intimidés, volés, ou molestés. Cela est inacceptable. C'est la théologie des migrants; c'est ce que DIEU exige de nous tous:que les migrants et les ressortissants nationaux le fassent universellement.

Les Personnalités Migrantes dans la Bible

La Bible est un livre des migrants. Les histoires magnifiques de grands hommes et de femmes de foi, qui étaient une fois des migrants, le remplissent. Elles permettent des témoignages de vies qui peuvent être des exemples pour plusieurs aujourd'hui. Abraham, Jacob, Joseph et ses frères, Moise, la servante de Naaman, Ruth, Ezra, Nehemie, Esther, Daniel, Jesus, Paul et les apôtres, étaient tous des migrants. Chacun d'eux avait ses propres raisons de partir. Par exemple, Jacob a dû quitter la maison de son père parce qu'il avait trompé son frère, et avait menti à son père. Les frères de Joseph l'ont trahi et vendu comme un esclave. Ils ont

pris plus tard refuge en Égypte à cause de la sécheresse et de la faim à Canaan. Moise a assassiné un
égyptien et s'est enfui. La servante de Naaman a été
prise comme une captive dans la guerre.

Ruth a voyagé dans le chagrin à cause de la mort
de son mari.

Ezra, Nehemie, et Esther vivaient en captivité.
Jeremie et Daniel étaient des captifs dans la guerre.
Qui étaient-ils? Pourquoi ont-ils immigré? Où vont-ils,
et qu'est-ce qui leur est arrivé? Après avoir regardé
toutes ces grandes personnalités, il devient clair qu'ils
sont tous entrés dans leurs nouveaux pays dans des
conditions différentes; cependant, à la fin, DIEU a
béni la majorité d'entre eux, et ils ont eu du succès.
Dans ce livre, nous regardons les secrets de leurs
bénédictions. Parmi toutes ces personnalités bibliques,
Abraham avait une tâche sainte de quitter le pays de
son père, et d'aller à un endroit où DIEU le menait. Il
est une de ces personnes parmi ces personnalités, qui
n'a pas quitté pour des raisons économiques, politiques, ou familiales. Il a quitté parce que DIEU lui a
parlé, et donné pouvoir de quitter.

Donc, j'appelle Abraham, pas seulement le «Père
des Nations», mais aussi, le «Père de tous les
Migrants». Les chapitres à venir analysent les vies de
certains de ces grands hommes et femmes. De plus,
nous placerons leurs histoires dans la situation mondiale actuelle, et essayerons d'apprendre des leçons
importantes pour l'église d'aujourd'hui.

2

ABRAHAM, LE PÈRE DE TOUS LES MIGRANTS

Les Chrétiens, les Juifs, et les Musulmans, tous sont d'accord sur Abraham (c'est-à-dire Abram). Ils le considèrent tous comme étant le «Père de toutes les Nations». Le SEIGNEUR a parlé à Abraham, «Quitte ton pays, ta parenté et la maison de ton père et va dans le pays que je te montrerai»(Genèse 12:1).

Comme je l'ai mentionné plus tôt, il est aussi considéré comme le «Père de tous les Migrants», parce qu'il a commencé sa vie dans le Seigneur, par un voyage d'obéissance et de courage, vers un pays qu'il ne connaissait pas.

Abraham était le type de migrant qui a volontairement décidé de suivre le commandement du Seigneur, et de quitter son pays et sa famille. Il était un pionnier de foi qui a fait l'expérience de l'aventure. C'est indispensable de commencer avec Abraham, parce que la vie d'Abraham est la base de ce livre. Quand DIEU a

commandé à Abraham de quitter sa patrie, Il a donné
à Abraham quatre promesses importantes et durables
de vie dans Genèse 12:1–4:

* Je ferai de toi une grande nation, et te bénirai.
* Je rendrai ton nom célèbre, et tu seras une béné-
  diction.
* Je bénirai ceux qui te bénissent, mais je maudirai
  ceux qui te maudissent.
* Tout le monde sera béni à travers toi.

Abraham était béni avec ces quatre promesses avant
de commencer son voyage. Je les appelle les bénédictions du migrant. Elles ne sont pas seulement pour
Abraham le migrant, mais aussi pour plusieurs autres
migrants venus après Abraham, comprenant aussi
ceux qui vivent aujourd'hui. En d'autres mots, ces
quatre bénédictions sont toujours valables pour ceux
qui sont la progéniture d'Abraham, simplement à
cause des bénédictions immuables de DIEU. Bien
qu'Abraham ait voyagé par obéissance, parce que
DIEU l'avait béni, ces promesses sont aussi pour ceux
qui ont voyagé pour des motivations autre qu'un
appel divin dans leur vie. Par exemple, les mensonges
de Jacob, l'ont motivé à quitter sa famille et sa patrie,
encore à cause d'Abraham et la promesse de DIEU à
lui, DIEU a béni Jacob. Après que Jacob s'est enfui de
son père, il fit un rêve à Bethel. DIEU a parlé à Jacob
et a dit: «Je suis le SEIGNEUR, le DIEU de ton père

Abraham et le DIEU D'Isaac. Je te donnerai à toi et à tes descendants la terre sur laquelle tu es couché. Tes descendants seront comme la poussière de la terre, et vous vous répandrez à l'ouest et à l'est, au nord et au sud. A travers toi et tous tes descendants, je bénirai toutes les nations de la terre.....»(Genèse 28:13–15). DIEU a béni Jacob, cela est basé sur ce qu'Il avait déjà promis à Abraham. Ceci est important parce qu'il y a un lien entre DIEU appelant Abraham à quitter son pays et Jesus demandant aux Chrétiens d'aller vers les nations pour prêcher l'évangile.

Les deux commandements sont de DIEU; les deux commandements encouragent la migration. Parce qu'à travers la foi, vous êtes les enfants d'Abraham, et à travers le Christ, les enfants de DIEU le Père, les quatre bénédictions données à Abraham sont les vôtres aujourd'hui. Vous pouvez les combiner avec toute l'autorité et le pouvoir que Jésus vous a donné. Regardons spécifiquement chaque promesse et ce qu'elle peut signifier pour les migrants d'aujourd'hui lorsqu'elle est connectée avec la puissance du Sauveur.

Je Ferai de Toi une Grande Nation

Quand Abraham a quitté son pays, il avait soixante-quinze ans, marié à Sarah, et sans enfants, bien que DIEU ait promis qu'il serait une «grande nation». DIEU a destiné Abraham pour la grandeur, bien qu'il n'ait pas beaucoup pour offrir. La première bénédiction pour un migrant est la même: un migrant est destiné à être une «grande nation», surtout quand il est en Christ, et a choisi de suivre Sa voie.

Comme des migrants, vous obéissez à la voix du Seigneur dans vos vies, et allez vers les nations auxquelles DIEU vous demande d'aller. Et vous savez qu'à travers Son Esprit, une fois que vous allez, vous serez bénis dans cette nation. Comme Abraham est arrivé à Canaan, il se tenait debout; regardait le pays, les gens, et la culture; et il comprenait la langue. Comme il était debout au milieu de tous ces Canaanites, DIEU a promis de faire de lui une grande nation. De plus, Il a dit qu'Il donnerait le pays de Canaan à la descendance d'Abraham (Genèse 12:7). Combien de terres les Canaanites occupent comparé à la famille d'Abraham quand DIEU a fait cette promesse?

Le groupe d'Abraham occupait peut-être cinq mille mètres carrés, mais les Canaanites occupaient leur terre entière. Encore DIEU disait toujours à Abraham: «Ceci est le vôtre. Bien que vous ne le possédiez pas maintenant, de vous, une nation sera née à qui je donnerai cette terre».

DIEU a ordonné chaque migrant appelé par DIEU avec une juridiction spirituelle dans la nation à laquelle lui ou elle a immigré. C'est la volonté de DIEU pour cette personne d'être là, et une fois que le migrant comprend le but de DIEU dans sa vie, alors,

DIEU libère l'autorité et le pouvoir à cette personne pour agir dans ce pays.

Donc, les croyants dans un pays d'accueil doivent comprendre que les migrants dans leur nation sont des bénédictions potentielles et la clé pour une reprise dans un pays d'accueil.

J'ai rencontré plusieurs grands hommes et femmes de DIEU qui ont entendu Son appel à quitter leurs nations en Afrique pour venir en Europe. Miraculeusement contre toutes les circonstances, comme le manque d'argent ou de visa, DIEU ouvrait toujours la porte pour eux pour évangéliser dans ces pays d'accueil qui les avaient une fois colonisés. J'ai aussi rencontré plusieurs migrants qui n'étaient jamais appelés par DIEU à quitter leurs nations. Ils sont juste partis à cause de plusieurs raisons person-nelles: certains pour des raisons politiques, économiques, familiales, ou de travail.

Ils n'étaient même pas des croyants, encore sur une terre étrangère, parmi des étrangers, ils ont ren-contré le Christ, et maintenant le Seigneur les bénit de différentes manières. En même temps, ils sont forte-ment utilisés pour atteindre leur pays d'accueil pour le Christ. Il y a une promesse dans le livre d'Ésaie pour les étrangers qui décident de suivre le Seigneur:

> Il ne faut donc pas que l'étranger qui s'est attaché au Seigneur aille s'imaginer: «Le Seigneur me met à part, à l'écart de son peuple.» Il ne faut pas non plus

que l'eunuque se mette à dire: «Je ne suis qu'un arbre sec.» Car voici ce que le Seigneur déclare: «Si un eunuque respecte mes sabbats, s'il choisit de faire ce qui m'est agréable, s'il se tient à l'engagement que j'attends de mon peuple, alors je lui réserverai, sur les murs de mon temple, un emplacement pour son nom. Ce sera mieux pour lui que des fils et des filles. Je rendrai son nom éternel, rien ne l'effacera.» Quant aux étrangers qui se sont attachés au Seigneur pour l'honorer et pour l'aimer, pour être ses serviteurs, le Seigneur déclare: «S'ils respectent avec soin le sabbat, s'ils se tiennent à l'engagement que j'attends de mon peuple, alors je les ferai venir sur la montagne qui m'est consacrée, je les remplirai de joie dans ma maison de prière, j'accueillerai avec faveur les divers sacrifices qu'ils m'offriront sur l'autel. Car on appellera ma maison «Maison de prière pour tous les peuples.» (Ésaie 56:3–7)

Ceci est une grande promesse à tous ceux qui ont une fois décidé de quitter leur nation pour une raison quelconque. Si ces étrangers se lient eux-mêmes au Seigneur, et adorent Son nom en terre étrangère, donnent leurs vies en Christ, DIEU les transformera d'un migrant ordinaire à un migrant béni. DIEU promet aussi qu'Il écoutera les prières de ces étrangers bénis. DIEU, en plus, oint, accepte, et ordonne les prières d'un migrant béni. Les migrants Bénis prient des prières bénites.

Les prières bénites apportent en avant de grands fruits. La première promesse du Seigneur à Abraham était qu'Il ferait de lui une grande nation. Dans la même voie, il fera de ces migrants qui croient en Christ une grande nation.

Par exemple, quand les frères de Joseph entraient en Égypte, ils étaient seulement un petit groupe, mais DIEU les a bénis, et les Israélites devinrent une grande nation à l'intérieur d'une nation. Ils prospéraient et devinrent une menace pour les Égyptiens; par conséquent, le pharaon les a fait esclaves.

Un migrant croyant appartient à la nation du Seigneur.

Donc, DIEU destine le migrant croyant pour faire avancer le royaume de DIEU dans le pays d'accueil (c'est-à-dire l'évangélisation). Cela signifie sauver des âmes à travers le Christ, et augmenter le nombre d'enfants spirituels dans le royaume de DIEU. C'est pourquoi les dirigeants migrants sont à la tête de la plupart des plus grandes églises en Europe. L'Ukraine a une des plus grandes églises en Europe. Environ vingt mille croyants adorent le Seigneur sous la conduite d'un pasteur Nigérian, appelé Sunday ADELAJA. Au Royaume-Uni, les pasteurs d'Afrique sont à la tête de certaines grandes églises. Cela arrive aussi dans d'autres pays développés. Un pasteur originaire du Suriname est à la tête de Maranatha, un ministère qui est considéré comme une des plus grandes églises à Amsterdam. Aux États-Unis, des ministres Africains

Américains sont à la tête de certaines des plus grandes églises.

J'ai aussi rencontré des migrants croyants qui ne sont pas dans un ministère de chaire, mais ils ont toujours un grand impact sur les vies de ceux autour d'eux. Je connais une travailleuse domestique Philippine en Hollande qui a prié pour quelques uns de ses employeurs Hollandais. Bien qu'elles aient des ennuis de fertilité, à travers ses prières, elles ont conçu des enfants. Cette femme Philippine, bien qu'elle était une migrante travaillant durement, avait assez d'amis du pays d'accueil; un jour, elle tomba malade, et n'avait pas d'assurance ou assez d'argent pour payer les frais d'opération dont elle avait besoin; tous ses employeurs pour qui elle avait prié, ont payé les frais de son opération.

Franchement, DIEU a fait d'elle une «grande nation».

Je rendrai ton nom célèbre

C'est la deuxième bénédiction que DIEU a promis à Abraham. Les migrants bénis ont aussi droit à cette grande promesse. Quand Abraham a quitté son pays, et est entré dans des nations étrangères, il était totalement inconnu. Personne ne le connaissait, néanmoins, DIEU l'a rendu célèbre, et a fait de lui le «Père de Toutes les Nations». Il est aussi devenu une bénédiction pour les autres, pas seulement aux membres de sa tribu. Vous devez comprendre que DIEU destine un migrant béni pour une grandeur; et que le migrant ou la migrante est envoyée pour être une bénédiction aux personnes dans le pays d'accueil. Il y a une onction spéciale sur les migrants bénis à bénir leur terre d'accueil. Aujourd'hui, il y a des millions de migrants croyants que DIEU a oint pour être une bénédiction aux nations dans lesquelles ils se trouvent. Ils doivent être un instrument d'amour, de bénédiction, et d'attention pour leur pays d'accueil. Ils peuvent faire cela de plusieurs manières: en pratiquant leurs compétences, en aiguisant leurs connaissances, et en développant leurs talents comme ils le peuvent.

Si vous êtes un migrant, ou un migrant de la deuxième ou de la troisième génération, alors je vous défie de savoir que vous êtes destiné à bénir la nation dans laquelle vous habitez. Vous êtes par tous les moyens un résolveur de problèmes, sans tenir compte de manière insignifiante comment le problème pourrait sembler à d'autres. Je connais un frère du Ghana appelé Thomas. Thomas est un nettoyeur. Ses conditions de vie ne sont pas bonnes; il vit dans des circonstances dures en Europe, néanmoins, il est une bénédiction pour ses employeurs. Comme il nettoie les maisons, il prie aussi pour chaque famille. Il prie pour leur bien-être. Il leur parle souvent, et écoute leurs problèmes et besoins, et prie pour eux par rapport à cela. Un de ses employeurs était un jeune couple qui désespérément voulait avoir un enfant, mais ne pouvait pas. Thomas m'a demandé de les visiter, et de prier pour eux, parce qu'étant Chrétiens, nous croyons au pouvoir de la prière. J'ai dit à Thomas que je n'avais pas à prier pour le couple, et que lui pouvait prier pour eux. Je l'ai encouragé en lui expliquant qu'il était vraiment une bénédiction pour son pays d'accueil. J'ai enseigné à Thomas comment prier pour ses employeurs, et leur parler du pouvoir de guérison de Jesus Christ, ce qu'il a fait. Une année plus tard, le couple avait eu un beau garçon. Ils étaient reconnaissants à DIEU et à Thomas, un simple migrant vivant en Hollande. Tout cela, c'était parce qu'un migrant avait prié pour ses employeurs, et il leur a démontré l'amour inconditionnel du Christ.

Je Bénirai Ceux Qui te Bénissent

C'est l'élément le plus important des bénédictions du migrant. C'est crucial parce que cela implique deux contreparties. L'un est le migrant béni, dans ce cas Abraham, et les autres sont les habitants du pays d'accueil, surtout les habitants croyants.

«La Bénédiction de ceux qui vous bénissent» ressemble à un cycle vertueux. Les croyants indigènes bénissent les croyants migrants, et les croyants à leur tour, béniront le pays d'accueil et l'église.

Comme un conférencier et un évangéliste, j'ai voyagé dans différents pays en Europe. Une chose que je remarque, qui me blesse au coeur, est que, la plupart du temps, il y a un manque d'amitié entre les migrants et les membres des églises indigènes.

Par exemple, j'ai rencontré quelque part en Europe, un groupe de femmes croyantes des Philippines, qui avec un pasteur, avaient établi une église, où ils se réunissent chaque dimanche. Maintenant, ils grandissent plus rapidement que l'église indigène, et par conséquent, ils cherchent un bâtiment approprié dans lequel ils pourraient continuer à adorer DIEU. Ils sont entrés en contact avec diverses églises indigènes pour louer leur bâtiment pendant quelques heures chaque dimanche. Quelles étaient les réponses? Presque 90% des églises indigènes ont dit: «Nous ne vous reconnaissons pas comme une église, mais comme une association», et d'autres ont dit: «Notre bâtiment est disponible pour votre association si vous choisissez de devenir membres de notre église et d'assister à nos services le matin, et les après-midi, vous consacrez à vos services».

L'arrogance cachée et la discrimination doivent être éliminées dans l'église. Les Croyants des pays en voie de développement sont le plus souvent les victimes de cela une fois qu'ils sont dans un autre pays. La situation s'améliore dans certaines nations comme l'Angleterre ou la Hollande, pourtant dans d'autres, il y a toujours du travail à faire. Une fois, j'ai voyagé dans un pays Européen où, il y avait environ cinq cents croyants à une conférence Chrétienne. Les participants étaient tous des blancs. Néanmoins, lorsque j'ai marché dans les rues de cette ville particulière, j'ai vu plusieurs migrants. C'étaient des personnes de l'Inde, du Ghana, du Sri Lanka, du Nigeria, et de plusieurs autres nations. Plus tard, j'ai demandé au pasteur responsable s'ils avaient identifié les églises migrantes dans cette ville. Sa réponse était très froide. Il m'a semblé qu'il n'a pas voulu reconnaître qu'il y avait des migrants dans la ville, qui étaient des croyants, et qui se réunissaient ensemble dans des ghettos, dans des appartements, aux sous-sols des garages pollués, ou dans des parkings. Cela a attristé mon coeur.

La Bénédiction des migrants et la prière avec eux bénit l'église du pays d'accueil, et les rend prospères. Les Migrants sont un groupe très fragile dans la société. C'est le devoir de l'église de tendre la main et de bénir ces migrants. Si vous êtes un Chrétien dans un pays d'accueil, tendez la main aux migrants dans votre ville.

Rappelez-vous l'histoire de Jésus venant à Jérusalem et entrant dans le temple. Il était furieux après qu'Il ait vu les marchands vendre des pigeons et d'autres marchandises dans la cour du temple. Il renversa la table des amasseurs d'argent et dit: «Ma maison sera la maison de prière pour tous les peuples». Jésus citait un passage d'Ésaie 56. Pourquoi Jésus dirait cela?

Quelle est la relation entre Sa colère et la prière pour les peuples?

À cette époque, les juifs voyageaient dans diverses parties du monde pour célébrer la Pâque juive et les festivals religieux jusqu'au jour de la Pentecôte, mais les leaders juifs indigènes et le système religieux ne permettaient pas à ces croyants migrants d'entrer dans certaines parties du temple ou le temple lui-même, néanmoins, ils permettaient aux amasseurs d'argent de faire leur activité dans les cours du temple. Cela a brisé le coeur du Sauveur, et l'a rendu furieux. Aussi, n'oubliez pas que le jour de la Pentecôte, les premiers hommes qui ont témoigné des épanchements du Saint-Esprit sur les disciples étaient des migrants de la Perse, de l'Arabie, et de plusieurs autres nations. Pierre a livré son premier sermon aux migrants, les mêmes que le système religieux n'a pas permis de rentrer dans le temple. Au sud-est d'Amsterdam, il y a un ghetto appelé Bijlmer. Autant que je sache, cinquante-cinq différentes nationalités habitent ensemble dans le Bijlmer. Des personnes d'Afrique, surtout du Ghana, du Nigeria, sont bien établis là. Marcher dans les rues de Bijlmer vous fait sentir comme si vous marchiez dans un pays Africain. Comme dans un autre ghetto, il y a des crimes comme les vols, les fusillades, et des mises à mort. Malgré ce fait, Bijlmer a la plus grande concentration d'églises pentecostales en Hollande, et peut-être même en Europe Occidentale (de l'ouest). Il y a au moins 150 églises avec une moyenne de trente à trois cents personnes au service du Dimanche. Ces églises sont composées de migrants venus du Ghana, du Nigeria, du Suriname, et des Philippines. Il y a aussi certaines églises Hollandaises. Les membres sont des migrants qui sont venus en Europe pour chercher du travail ou joindre un membre de la famille qui est déjà là. Ceux qui parlent le Néerlandais gagnent moyennement plus que le salaire minimum, et ce ne sont pas tous qui ont un permis de séjour légal pour rester en Europe. Encore, il y a un renouveau parmi eux; ils sont amoureux de Jésus et font confiance en DIEU. Un vendredi soir, en marchant à travers les rues voisines de ce quartier Bijlmer, j'entend de la musique, des tambours, et des croyants priant. Presque tous sont des migrants. Il y a 150 églises, pourtant, même pas 10% d'elles jouissent d'un bâtiment d'église commode. Ils font des constructions en bois avec des systèmes de sécurité bas et prient là. Récemment, la situation à Bijlmer a changé. J'avais aussi prêché pendant plus de cinq ans dans cette sorte de situation dure. Les Dimanches, une odeur se dégageait à cause de la montagne de déchets à côté de la porte, où le toit coulait pendant que je prononçais mon sermon. Malgré la condition du bâtiment, mon ministère a été capable d'atteindre quatre-vingt-cinq nations à partir d'un bâtiment minuscule, en bois, et malodorant. DIEU est vraiment en train de nous bénir. Pendant que ces migrants croyants adorent DIEU dans des bâtiments malodor-ant, puant, coulant, plusieurs églises nationales à l'extérieur d'Amsterdam sud-est jouissent dans des bâtiments confortables. Les églises indigènes devraient tendre la main aux églises migrantes et les bénir avec toute leur capacité et pouvoir en vu d'accomplir la promesse d'Abraham qui est, «quiconque te bénira, Moi(DIEU) le bénira».

Un Message Spécial pour vous

Abraham a obéi à ce que DIEU lui a demandé de faire: il a voyagé, et parce qu'il vivait une vie d'obéissance et de foi, partout où il allait, il était béni. Si vous êtes un migrant, et vous vous demandez pourquoi vous êtes où vous êtes actuellement, commencez à examiner votre vie. Y a-t-il un signe de rébellion? Faites de votre mieux pour obéir à ce que DIEU a mis dans votre coeur. Abraham était un migrant qui s'adapte facilement au profil de la Grande Commission.

Abraham devait quitter son pays parce que DIEU lui a demandé de faire cela. Au même moment, Jésus Christ appelle chaque Chrétien à faire quelque chose de similaire: «Allez donc auprès des gens de toutes les nations et faites d'eux mes disciples; baptisez-les au nom du Père, du Fils, et du Saint-Esprit, et enseignez-leur à pratiquer tout ce que je vous ai commandé. Et sachez-le: je vais être avec vous tous les jours, jusqu'à la fin du monde.»(Matthieu 28:19–20). Le secret pour vous d'être un migrant béni commence avec le partage de l'évangile avec les personnes vivantes autour de vous, surtout avec celles du pays d'accueil. Faites des priorités dans votre vie de migrant. C'est la base (la fondation) de la bénédiction Abrahamique. Aussi, Jésus a dit: «Voilà pourquoi je vous dis: Ne vous inquiétez pas au sujet de la nourriture et de la boisson dont vous avez besoin pour vivre, ou au sujet des vêtements dont vous avez besoin pour votre corps. La vie est plus importante que la nourriture et le corps plus important que les vêtements, n'est-ce pas? Regardez les oiseaux: ils ne sèment ni ne moissonnent, ils n'amassent pas de récoltes dans des greniers, mais votre Père qui est au ciel les nourrit. Ne valez-vous pas beaucoup plus que les oiseaux? Qui d'entre vous parvient à prolonger un peu la durée de sa vie par le souci qu'il se fait?

«Et pourquoi vous inquiétez-vous au sujet des vêtements? Observez comment poussent les fleurs des champs: elles ne travaillent pas, elles ne font pas de vêtements. Pourtant, je vous le dis, même Salomon, avec toute sa richesse, n'a pas eu de vêtements aussi beaux qu'une seule de ces fleurs. DIEU habille ainsi l'herbe des champs qui est là aujourd'hui et qui demain sera jetée au feu: alors ne vous habillera-t-il pas à bien plus forte raison vous-mêmes? Comme votre confiance en lui est faible. Ne vous inquiétez donc pas en disant: «Qu'allons-nous manger? qu'allons-nous boire?

qu'allons-nous mettre pour nous habiller? Ce sont les paiens qui recherchent sans arrêt tout cela. Mais votre Père qui est au ciel sait que vous en avez besoin. Préoccupez-vous d'abord du Royaume de DIEU et de la vie juste qu'il demande, et DIEU vous accordera aussi tout le reste. Ne vous inquiétez donc pas du lendemain: le lendemain se souciera de lui-même. À chaque jour suffit sa peine.»(Matthieu 6:25–34)

Quelque soit ce que vous faites ou dans quel genre de circonstances vous vivez: riche ou pauvre, avec ou sans papiers, avec ou sans visa, faites de votre mieux pour obéir à la parole de DIEU, et dites aux autres au sujet de l'amour inconditionnel de Jésus Christ. Cherchez Son Royaume, et Il pourvoira à vos besoins. Une fois, j'ai rendu visite à un groupe de migrants sans papiers. Ils vivaient dans un sous-sol d'une ancienne usine. Pourtant, en les regardant, mon coeur a pleuré de joie parce qu'ils étaient pleins d'amour et de grâce; ils ne se sont pas inquiétés de ce qu'ils mangeraient, boiraient, ou porteraient; ils ont concentré leurs esprits sur l'évangile. Ils ont confiance en l'Esprit de DIEU. Vous pouvez aussi être comme eux, en faisant confiance à la parole de DIEU, et en partageant l'amour de DIEU avec les autres. Ceci est votre première étape pour devenir un migrant béni comme Abraham.

3

Jacob, un Migrant Trompeur

À la différence de l'histoire d'Abraham, la motivation de voyager de Jacob n'était pas pour l'obéissance à la parole de DIEU, mais hors d'un style de vie plein de tromperie. Il s'est simplement enfui parce qu'il a trompé son frère et son père. Jacob a trompé son frère Ésau, en dérobant habilement son droit d'aînesse qui était très précieux alors.

Les garçons grandirent. Ésau devint un excellent chasseur qui aimait courir la campagne. Quant à Jacob, c'était un homme tranquille qui restait volontiers sous la tente. Isaac préférait Ésau, car il appréciait le gibier, tandis que Rébecca préférait Jacob.

Un jour que Jacob préparait un potage, Ésau revint de la chasse, très fatigué, et lui dit: «Je n'en peux plus. Laisse-moi vite avaler de ce potage roux.» C'est pourquoi on l'a surnommé Édom, c'est-à-dire le Roux. Jacob répondit: «Cède-moi d'abord

33

tes droits de fils aîné.»Ésau déclara: «Je vais mourir de faim. À quoi me serviront mes droits de fils aîné?» Jacob reprit: «Jure d'abord.» Alors Ésau jura qu'il lui cédait ses droits de fils aîné et Jacob lui donna du pain et du potage aux lentilles. Ésau mangea et but, puis s'en alla. Il n'accorda aucune importance à ses droits de fils aîné. (Genèse 25:27–34)

Jacob a facilement profité de son frère, en prenant avantage en ce moment, en le faisant jurer de son droit d'aînesse. Ésau, d'autre part, était si faible qu'il ne pouvait supporter sa faim temporaire.

Parfois, les gens traversent des situations dans lesquelles elles sont faibles, et ont besoin d'aide instantanée; par conséquent, ils sont prêts à tout pour résoudre leurs problèmes, peu importe les conséquences. Ne laissez pas les difficultés de la vie vous forcer à la manipulation des autres qui pourraient profiter de vous. Jacob a fait la même chose à son propre père, comme il est écrit dans Genèse 27. Il a trompé son père, de sorte qu'il s'est assuré que son père lui a donné les bénédictions destinées à Ésau. En ces jours là, une fois que quelqu'un prononçait les mots de bénédiction, il n'y avait aucun moyen de reprendre cela. C'était la puissance de ces mots prononcés. Àprès avoir trompé son père, Jacob savait que son frère allait le tuer. Jacob s'est enfui pour sauver sa propre vie. C'était pourquoi Jacob est devenu un migrant; il n'avait reçu aucun appel divin. Mais pourquoi DIEU honore encore Jacob, un migrant trompeur?

Il y a plusieurs raisons, mais l'une d'elles est que DIEU avait fait un serment avec Abraham, le grand-père de Jacob, et d'Isaac, le père de Jacob, pour bénir leur progéniture, et DIEU ne change jamais Ses promesses. Peut importe le nombre de promesses faites par DIEU, elles vont tous aboutir, non pas parce que vous êtes bon et saint, mais parce que DIEU vous aime, et Sa promesse ne manque jamais.

Deux, Jacob connaissait un secret, alors que même les Chrétiens contemporains ne pratiquaient pas pleinement —- la puissance de la parole parlée. Pourquoi Jacob tromperait-il son frère et son père pour quelques mots de bénédiction? Il ne courait pas derrière une richesse ou une position. Jacob les a trompés parce qu'il a évalué la parole venue de la bouche de son père. Il savait qu'une fois que ces mots ont été prononcés, il n'y avait pas de retour.

Jacob a estimé la bénédiction verbale de son père; Ésau n'a pas pris cela au sérieux, sinon, il ne l'aurait pas échangé pour un bol de soupe quand il avait faim.

Tout comme Jacob, vous devez évaluer la bénédiction donnée par le Père à travers Jésus Christ. Il y a deux types de personnes dans le monde: ceux qui font tout pour s'accrocher à la parole du Père et à ces promesses, et ceux qui les échangent contre des solutions immédiates.

L'Histoire du Sud et de l'Ouest

L'histoire de Jacob et d'Ésau me fait penser à l'histoire de la colonisation. Il y a des siècles, beaucoup de missionnaires ont voyagé dans des parties du monde inconnu pour prêcher l'évangile à ceux qui ne l'avaient jamais entendu. Cependant le long du chemin, leurs yeux sont tombés sur l'or, le diamant, et d'autres ressources que ces territoires possédaient.

Soudain, l'appel sacré s'est transformé en un appel commercial. Ils ont commencé à acheter à prix d'argent, et à exploiter les indigènes. Et tout comme Esau a vendu son droit d'aînesse, les nations du Sud ont aussi vendu leurs droits d'aînesse aux Européens. Ils y avaient des chefs en Afrique qui ont vendu leurs frères Africains à l'homme blanc pour obtenir des armes. Ils ne savaient pas que c'était le début de la vente de l'Afrique à d'autres, et d'un autre épisode odieux de l'esclavage de l'histoire humaine. Les nations Occidentales étaient comme Jacob, qui a exploité son frère de son droit d'aînesse. Elles ont tué, volé les terres de ses ressources naturelles, se sont partagées les terrains, et en fin de compte, ont fini par faire des habitants leurs propres esclaves.

Ce qui va autour vient autour

Jacob a trompé son père, en profitant du défaut de la vue de son père. Quand il est arrivé comme un migrant à Paddân Aram, et a rencontré sa cousine Rachel, il tomba amoureux d'elle. Le père de Rachel et l'oncle de Jacob, Laban, promirent à Jacob qu' après sept ans de service, il permettrait à Jacob d'épouser Rachel. Pendant sept ans, Jacob servait Laban avec l'espoir d'épouser Rachel, mais Laban l'a trompé, et sur ce qui devait être le jour du mariage entre Jacob et Rachel, il déguisa sa fille aînée Léa qui avait le regard terne (Genèse 29:17), et la maria à Jacob. Tout comme Jacob a abusé de la vue diminuée de son père, il a été maintenant trompé en épousant une femme qui avait le regard terne.

Tout ce que vous faites a des conséquences dans la vie, et ce qui va autour vient autour. Aujourd'hui, des milliers de migrants, certains les fils et les filles d'anciens esclaves, sont installés à l'Ouest. Certains viennent évangéliser, et d'autres viennent pour des raisons politiques ou économiques, mais ils continuent à venir. Ils utilisent et parfois même abusent des infrastructures sociales et avantages là. Cela peut irriter bon nombre d'occidentaux, mais ne pas oublier que ce soit à cause des choses qui se sont produites il y a des siècles. Les Occidentaux étaient aussi une fois des migrants dans ces nations, et assez tristement, ils ont infligé des choses pires aux indigènes là-bas, que certains migrants sont en train de faire maintenant dans leurs nations. L'Occident ne peut pas simplement dire qu'il est plein, et il ne peut pas se permettre de prendre soin de plus de personnes dans leurs pays. Quand l'Afrique ou les Philippines étaient colonisés, est-ce que leurs habitants l'avait demandé? L'Occident l'a fait sans même y penser aux conséquences. C'est pourquoi, si des personnes de ces nations viennent à vous maintenant, vous devez leur montrer l'hospitalité.

J'ai remarqué un fait important: les Chrétiens de ces nations colonisées immigrent maintenant vers les nations qui les ont colonisé pour partager le message de la vie changeante de Jésus Christ. Ils prêchent le message que ces nations, une fois, ont essayé de partager avec eux il y a des siècles de cela. Par exemple, il y a plusieurs Indonésiens en Hollande qui ont du succès dans leurs ministères; et ils atteignent le peuple Néerlandais qui, une fois, a essayé de leur apporter l'évangile, mais, a échoué en partie. Des personnes originaires du Suriname sont tombées dans la même catégorie. Il y a plusieurs églises du Suriname qui atteignent les Néerlandais, et ces églises, par rapport aux normes Néerlandaises, pouvaient être appelées «mega églises».

La Grande-Bretagne a colonisé le Nigéria, et aujourd'hui, DIEU utilise les croyants Nigérians à atteindre le peuple Britannique.

Le Japon, une fois, a colonisé la Corée; aujourd'hui, il y a plusieurs migrants Coréens au Japon qui prêchent l'évangile aux Japonais. Par conséquent, les Occidentaux doivent se repentir pour les choses faites par leurs ancêtres, et puis, ils doivent embrasser leurs

frères et soeurs migrants, et aussi les supporter. La raison derrière les cas de criminalité et d'accident parmi
les migrants en Occident, est parce que, ce qui va
autour vient autour. Ce cercle se brisera seulement si
les croyants dans les pays d'accueil aiment, s'occupent et, sont hospitaliers vis-à-vis des croyants.

Jacob lutte avec DIEU

Il arriva un moment dans la vie de Jacob, quand DIEU
a dû traiter avec lui, pour faire de lui une meilleure
personne, et le changer d'un migrant trompeur à un
migrant béni.

> «Au cours de la nuit, Jacob se leva, prit ses deux
> femmes, ses deux servantes et ses onze enfants. Il
> leur fit traverser le gué du Yabboq avec tout ce
> qu'il possédait. Il resta seul, et quelqu'un lutta
> avec lui jusqu'à l'aurore. Quand l'adversaire vit
> qu'il ne pouvait pas vaincre Jacob dans cette lutte,
> il le frappa à l'articulation de la hanche, et celle-ci
> se déboîta. Il dit alors: «Laisse-moi partir, car voici
> l'aurore.»- «Je ne te laisserai pas partir si tu ne me
> bénis pas», répliqua Jacob. L'autre demanda:
> «Comment t'appelles-tu?»-«Jacob», répondit-il.
> L'autre reprit: «On ne t'appellera plus Jacob mais
> Israel, car tu as lutté contre DIEU et contre des
> hommes, et tu as été le plus fort». Jacob demanda:
> «Dis-moi donc quel est ton nom». «Pourquoi me

demandes-tu mon nom?» répondit-il. Là même, il
fit ses adieux à Jacob. Celui-ci déclara: «J'ai vu
DIEU face à face et je suis encore en vie». C'est
pourquoi il nomma cet endroit Penouel- ce qui
veut dire «Face de DIEU». Quand le soleil se leva,
Jacob passa le gué de Penouel. Il boitait à cause de
sa hanche.» (Genèse 32:22–32).

Après que tout le monde alla vers le fleuve, Jacob
était seul. Cette nuit-là, DIEU a lutté avec lui toute la
nuit.

Il ne pouvait pas vaincre Jacob. Personne ne pouvait gagner. De même, je crois que DIEU lutte avec
nous tous, mais DIEU ne veut pas gagner par force. Il
vous a donné le libre arbitre, et Il ne peut pas vous
forcer quand vous avez le libre arbitre. Il peut lutter
avec vous, mais Il ne force jamais les personnes. La
Vie est une question de choix, et ce que vous choisissez détermine la direction de votre vie.

Les Nations aussi font des choix qui déterminent
le cours de leur histoire. Le long de cette ligne, Jacob
a réalisé que DIEU luttait avec lui pour le changer,
d'un migrant errant—Jacob—à un migrant béni—
Israel.

Je crois que Jacob représente l'Occident, et que
DIEU lutte maintenant avec l'Occident. DIEU veut
faire face à l'Occident, et leur faire savoir que rien de
ce qu'il possède – la technologie, la science, la
richesse, les infrastructures, ou la réputation – ne peut

rivaliser avec DIEU et Ses plans pour eux. Aussi
longtemps que l'Occident essaie de gagner le match
de lutte avec DIEU, la situation s'empirera: une augmentation globale dans le terrorisme, la guerre, l'agi-
tation sociale, et les tensions ethniques. Si l'Occident
s'humilie et laisse DIEU la bénir, tout comme Jacob
l'a fait, alors le Christ, Fils de la Justice, guérira
plusieurs blessures du monde.

Soyez honnêtes les uns avec les autres, rappelez-
vous ce qui s'est passé dans le passé, et repentez-
vous. Peut-être avec les temps modernes, la haute
génération montante de l'Occident n'a pas assez de
temps pour se rappeler ce qui s'était passé dans le
passé, mais DIEU se souvient. Il se souvient de la tor-
ture dans les châteaux forts au Ghana, où les esclaves
ont été détenus pendant des jours, des semaines, et
des mois, en attente d'être exportés comme des
objets. Là-bas, les vendeurs les ont humilié, torturé,
violé, et tué, juste parce qu'un groupe de migrants
agressifs voulaient leurs terres et leurs ressources.
DIEU n'a jamais oublié lorsque l'armée Espagnole,
sous la bénédiction du prêtre, a tué des milliers
d'Indiens en Amérique Centrale et du Sud, juste parce
que les colons les considéraient comme des paiens.
Je crois que les racines de la pauvreté aujourd'hui se
trouvent dans ces jours sombres du colonialisme de
l'Occident. Quelques-uns des succès de l'Occident
sont dus à l'effusion de sang de plusieurs Africains, et
des pleurs non-entendus de plusieurs mères, pères,

filles, et fils pendant l'esclavage. Aussi, pendant la guerre froide, l'Occident soutenait les pays Islamiques sans comprendre la religion derrière les régimes – Ils voulaient juste des alliés.

Maintenant, l'Occident étiquette facilement les nations Musulmanes comme agressifs, mais l'Occident a oublié les cruautés qu'elles ont commises au nom de Jésus, de la Bible, et de l'église. Est-ce que le terrorisme Islamique pouvait résulter de centaines d'années de frustrations, d'ignorance, de haine, et de colère? Que devraient faire les Chrétiens en Occident? Ils doivent prier pour les migrants. Ils doivent aussi servir les migrants dans leurs nations, indépendamment des croyances religieuses des migrants.

Ils doivent les embrasser avec amour, et écouter leurs histoires avant de pouvoir les juger. Ils doivent leur prêcher l'évangile en actes, et pas seulement en paroles. Seul l'amour du Christ peut fondre la colère et la haine dans une bougie d'espoir et d'amour.

Un Message Spécial pour vous

L'histoire de Jacob peut inspirer chaque migrant. Même si la motivation de Jacob pour immigrer n'était pas pure, à un certain moment de sa vie, il se rendit à DIEU lui-même, et se repentit de ses péchés. Dès lors, il est devenu un migrant béni. Peut-être que vous avez eu un mode de vie qui ressemble à la vie de

Jacob. Vous avez eu des problèmes dans votre passé, qui vous ont poussé à être malhonnête avec d'autres. Peu importe ce que vous avez fait. Tout le monde a fait des erreurs; parfois, ces erreurs vous font mal, et aussi à ceux qui vous entourent. Mais DIEU peut vous aider à changer votre vie.

Tout ce que vous devez faire est de vous repentir, et de demander pardon à DIEU pour ces choses. Par exemple, certains migrants aiment frauder le système d'aide sociale du gouvernement d'accueil, pour avoir de l'argent de l'aide sociale, et travailler secrètement. En faisant cela, ils gagnent de l'argent des deux côtés. D'autres migrants tirent profit sur d'autres collègues migrants, en leur prêtant de l'argent avec des taux d'intérêt élevé, ou en louant des chambres à des migrants sans-papiers à des prix très élevés. Cela est un abus. J'espère et je prie qu'aucun de vous, qui est en train de lire ce livre, n'a commis de tels actes.

Si c'est le cas, il y a toujours une chance pour vous de se repentir et de changer. Rappelez-vous que ce qui va autour vient autour. La façon dont vous traitez les autres, est aussi la façon dont un jour vous serez traités. Avez-vous eu des disputes avec vos parents avant de voyager? Avez-vous été malhonnête financièrement? Avez-vous profité sur des personnes pour votre propre gain? tes-vous en train de tromper le gouvernement du pays qui vous accueille? Pensez à cela. Si c'est le cas, repentez-vous, et DIEU vous aidera à changer d'un migrant trompeur à un migrant béni.

4

JOSEPH, UN MIGRANT QUI PARDONNE

La vie de Joseph est un grand exemple, et un encouragement pour des millions de migrants dans le monde entier. Il était un grand migrant. Le voyage de Joseph a commencé avec deux rêves importants qu'il a fait lorsqu'il était jeune. Dans ses rêves, DIEU lui a révélé le destin qui l'attendait. Les deux rêves et l'amour spécial que Jacob avait pour son fils, Joseph, ont rendu jaloux les autres frères. Un jour, son père l'a envoyé pour vérifier dehors ses frères qui étaient en train de paître le troupeau. Joseph ne savait pas que c'était la dernière fois qu'il voyait son père, parce que ses frères l'avaient trahi.

Dès que ses frères le virent, ils se saisirent de lui, le dépouillèrent de sa belle tunique, et le jetèrent dans la citerne, et finalement le vendirent aux Ismaélites qui l'emmenèrent en Égypte comme esclave. Quand il est entré en Égypte, il a été battu et trahi. Il a été émotionnellement et physiquement abusé (Genèse 37). Aujourd'hui, il y a plusieurs migrants qui ont quitté leur pays parce qu'ils ont été trahis par leurs familles, leurs amis, ou des chefs politiques ou religieux de leurs pays. J'ai rencontré des migrants ici en Europe qui ont subi de lourds traumatismes parce qu'ils ont perdu leurs mères, pères, ou d'autres membres de la famille de manières cruelles et barbares. Les génocides en Afrique ont poussé des millions de personnes à chercher refuge dans les pays voisins. Certains d'entre eux sont arrivés en Europe avec un lourd bagage émotionnel contenant des souvenirs amers et des drames cruels.

Qu'est-ce qui est arrivé en Égypte?

Plus tard, les Ismaélites vendirent Joseph à Potifar. La Bible dit que pendant ce temps, Joseph a prospéré.

DIEU l'a béni et lui donna du succès dans tout ce qu'il faisait. Même son maître Potifar fut si content qu'il lui confia l'administration de tous ses biens (Genèse 39:3–5).

Parce que Joseph était un homme bien bâti, la femme de Potifar était attirée par lui, et elle voulait dormir avec lui. Toutefois, Joseph a systématiquement refusé. Cela a mis en fureur la femme de Potifar, et elle a accusé Joseph de tentative de viol. Donc, Joseph a fini en prison. Mais la Bible dit que même en prison, DIEU l'a béni et il prospérait

(Genèse 39:20–23). En prison, il interprétait les rêves, et toutes les interprétations des rêves étaient correctes. Il est devenu une bénédiction même pour ceux qui étaient en prison.

Le Pharaon a entendu parler d'un homme qui interprète les rêves et qui est emprisonné; et un jour après, il fit un mauvais rêve que personne ne pouvait expliquer, il envoya alors chercher Joseph. Joseph lui dit ce que cela signifiait, et à travers l'interprétation de Joseph, il sauva plusieurs Égyptiens d'une grande famine. Le Pharaon le nomma commandant en second, équivalent au titre de premier ministre.

Quelle vie difficile – d'une fois esclave à un prince. Un jour, lorsque la sécheresse a frappé Canaan, les frères de Joseph ont voyagé en Égypte pour avoir de la nourriture.

Comme ils sont entrés en Égypte, Joseph les a reconnus.

Après les avoir testé, il a révélé son identité à ses frères. Il les a pris en charge, ainsi que les fils d'Israel; y compris son père, Jacob; entrés en Égypte, et leurs enfants sont restés là pendant presque 430 années.

Une Leçon pour les Migrants

Qu'est-ce que les migrants peuvent apprendre de Joseph? Comment est-ce possible qu'un esclave qui a fini en prison puisse devenir le deuxième homme plus important du pays? Est-ce aussi possible pour les migrants des temps modernes? Je crois que le plus grand secret derrière le succès de l'histoire de Joseph était son intégrité. Même s'il était un esclave, il aurait pu commettre l'adultère avec la femme de son maître. Il aurait assuré sa position là, et trouvé un moyen de sortir de l'esclavage. Mais il ne l'a pas fait. Il était loyal à DIEU et à l'homme.

Plusieurs migrants aujourd'hui (étant moi-même un migrant, j'ai le droit de dire cela) viennent dans le pays d'accueil et commencent à abuser du système pour prendre de l'avance. Ils commencent à travailler et vont à l'aide sociale, ou mentent au gouvernement pour rester dans le pays. DIEU honore l'intégrité et la loyauté. Une fois que vous choisissez la voie honnête, DIEU ouvrira les portes de la bénédiction et de la prospérité du pays dans lequel vous vivez. Aussi, la loyauté envers son maître l'a porté loin.

Si vous êtes loyaux à ceux pour lesquels vous travaillez, indépendamment de la façon dont vos responsabilités sont petites ou grandes, les portes de la promotion seront ouvertes. Certains migrants aiment tromper leurs chefs, et ils ont plusieurs excuses pour justifier leurs actes. Ces personnes arriveront à une mauvaise fin. Joseph était excellent en servant son maître.

Joseph était aussi loyal à son pays d'accueil, l'Égypte.

Les Migrants doivent aimer et servir le pays dans lequel ils vivent, comme s'ils étaient dans leur propre patrie. Si vous vivez dans un pays, commencer par parler positivement de ce pays.

Commencer à aimer et à servir ce pays. Ne vous plaignez pas au sujet du pays, mais soyez reconnaissants. Lorsque vous êtes un migrant Chrétien, vous devez spécialement bénir le pays dans lequel vous vivez. Vous devez prier pour ce pays. Quand j'ai rencontré certains migrants croyants, ils se plaignent de leur pays d'accueil, «Ces gens ne recevront jamais Christ», ou «C'est très dur d'atteindre ces gens pour le Christ. Ils sont têtus». Ne parlez pas ainsi. Si vous vivez en Hollande, aimer la Hollande. Si vous vivez aux États-Unis, aimer les États-Unis. Si vous êtes en Australie, aimer l'Australie.

Un autre secret du succès de Joseph était qu'il était prêt à souffrir pour la vérité. Il souffrait parce qu'il servait son DIEU avec tout son coeur, et il faisait de DIEU et de ses commandements sa plus grande priorité. Il savait que s'il avait choisi de faire le mal (céder à la femme de Potifar), il deviendrait libre et trouverait son chemin hors d'Égypte.

Toutefois, il refusa et souffrait pour ses croyances. Le chemin de la droiture est très difficile et remplit de roches et d'épines, mais il conduira à la promotion et à la faveur.

Le Don de Joseph l'a apporté loin

Malgré toute la déception et la trahison, Joseph a appris à faire quelque chose de sa vie. Il a appris à être satisfait même quand il a été mis en prison. Aussi, il a exercé son don de DIEU et interprétait les rêves que les gens lui apportaient.

Les migrants Bénis devraient utiliser leurs dons, qu'ils soient spirituels ou non-spirituels. S'ils les utilisent de manière pieuse, et les pratiquent avec intégrité, DIEU les bénira, et les apportera en présence des rois et de l'élite. Désirer l'excellence dans votre travail et soyez précis dans l'accomplisse-ment de vos tâches. Cela vous mènera loin.

Amertume Coloniale

Joseph avait toutes les raisons d'être amer, déçu, et en colère. Il aurait pu chercher à se venger.

> Toutefois, il a refusé. Il a choisi le pardon et la grâce. Genèse 45 décrit comment Joseph a reçu ses frères qui l'ont trahi et vendu en Égypte. Il les a embrassé avec amour, et les a pardonné. Il a dit à ses frères: «DIEU m'a donc envoyé dans ce pays avant vous, pour que vous puissiez y avoir des descendants et y survivre; c'est une merveilleuse délivrance. Ce n'est pas vous qui m'avez envoyé ici, mais DIEU. Et c'est encore lui qui a fait de moi

le ministre le plus puissant du Pharaon, responsable du palais royal et administrateur de toute l'É-
gypte». (Genèse 45:7–8)

L'histoire de Joseph me rappelle celle du colonialisme
et de l'esclavage. Des personnes ont vendu plusieurs
Noirs et des Asiatiques à des puissances étrangères pour
être des esclaves. Aujourd'hui, les arrière-petits-enfants
de ces esclaves sont de retour vers les nations qui les
ont colonisés. Certains sont encore amers et en colère
au sujet des choses qui se sont produites plus de trois
cents ans. Ils ont commis des crimes et doivent justifier
tout simplement cela parce qu'ils ne peuvent pas pardonner. Toutefois, les migrants bénis devraient pardonner et traiter avec le passé par la grâce et embrasser
l'amour qui leur a été donné par le Christ. Il arrivera un
moment où les migrants bénis du Tiers-Monde commenceront à prier pour les nations qui les ont colonisé
et pardonné. Ces sortes de sentiments cachent les problèmes raciaux à la fois aux États-Unis et en Europe, et
seulement l'amour du Christ peut apporter la guérison
aux deux peuples – les abusés et les abuseurs.

Un Message Spécial pour Vous

La vie de Joseph me rappelle l'histoire d'un croyant
migrant, entendue quand j'étais à une conférence. Il
vivait en Espagne, n'avait pas ses propres papiers, et
avait un visa expiré.

Sa vie était pleine de soucis; il ne savait pas quoi faire, ni où aller. Au milieu de cela, il tomba sur l'édition précédente de ce livre, Les Migrants Bénis.

Il a lu le livre de bout en bout, et le livre l'a béni. Comme il pensait et priait au sujet des choses qu'il avait lues dans ce livre, il tomba sur une annonce de journal pour un spécialiste en Informatique au Canada. L'une des conditions était que le demandeur doit parler le Français. Il a prié et demandé à DIEU de lui donner une nouvelle chance. Il a fait la demande, et contre toutes les attentes et les circonstances, il a obtenu le poste. Il a déménagé au Canada, a commencé à travailler, et a été couronné de succès. Toutefois, l'entreprise a exigé qu'il travaille les dimanches. Parce que cet homme était un Chrétien, il a refusé et, malheureusement, a perdu son emploi.

Il a été un peu déçu, mais a trouvé un autre emploi, non pas comme un spécialiste en Informatique, mais comme un concierge (gardien d'immeuble). Il a sacrifié son poste en Informatique et son salaire élevé pour devenir gardien d'immeuble.

Toutefois, tout comme Joseph, il faisait très bien son travail.

Un jour, lorsque le PDG de la compagnie a visité le bâtiment, il a remarqué que sa compagnie n'avait jamais été aussi propre. Il a demandé à ce sujet, et ils lui ont parlé de l'homme et l'ont amené au bureau du PDG.

Le PDG lui demanda: Quoi d'autre pouvez-vous faire en dehors du nettoyage? Il a répondu qu'il était bon avec les ordinateurs. Le PDG a demandé au chef de leur département Informatique de vérifier ses compétences et d'enseigner ce migrant béni sur leur système Informatique. En quelques heures, la personne responsable du département Informatique appela le PDG pour l'informer que cet homme était bien plus avancé qu'on ne le pensait. Peu à peu, il a obtenu des projets et les a accomplis avec excellence. Jusqu'à ce qu'un jour, le PDG l'a promu et lui a donné l'un des postes les plus élevés de la compagnie.

Aujourd'hui, cet homme voyage sur un jet privé de son patron à travers le monde faisant des affaires pour cette compagnie. En même temps, il a témoigné au sujet du Christ à son PDG et aux autres collègues. N'est-ce pas merveilleux?

Les Migrants qui choisissent la loyauté et l'intégrité peuvent être bénis de la sorte.

Qui que vous soyez et quoi que vous fassiez, faites le avec excellence, et exécuter cela avec loyauté et intégrité d'abord pour DIEU et, ensuite aux personnes autour de vous.

5

Ruth, une Migrante qui fait des tentatives de Rapprochements

La vie de Ruth est une grande inspiration pour chaque migrant. Ruth n'était pas une Israélite; elle était une Moabite mariée à l'un des fils de Naomi, un juif de Bethléem.

Il y avait toujours une tension entre les Israélites et les Moabites. Néanmoins, Naomi avait quitté Bethléem pour Moab à cause d'une famine en Israel. Ses fils ont épousé deux filles Moabites, mais malheureusement, quelques années plus tard, ses fils moururent, laissant les deux femmes veuves. Une d'elles était Ruth.

Après la mort de ses fils, Naomi a décidé de retourner à Bethléem et, y vivre parce que tous les membres de sa famille étaient morts. Elle a sorti ses belles-filles de tous leurs devoirs et, leur a dit de retourner dans leur propre famille. L'une d'elles est retournée, mais Ruth est restée avec Naomi qui a

décidé de voyager avec elle à Bethléem. Elle est dev-
enue une migrante en Israel. Vivre comme un non-juif
en Israel, alors, n'était pas facile, surtout quand vous
êtes Moabites. Quand elle a voyagé avec Naomi à
Bethléem, sa situation de vie n'était pas bonne.

Son mari était décédé, et elle avait eu beaucoup
de chagrin. Elle était aussi une pauvre migrante qui
devait s'occuper de sa belle-mère juive. Lorsqu'elle
est arrivée à Bethléem comme migrante, elle ne connaissait pas très bien les coutumes et la culture.
Pourtant, le Seigneur l'a adopté dans la tribu de Juda
quand elle a épousé Boaz, un homme riche de
Bethléem. Boaz et Ruth sont devenus des ancêtres du
grand roi David et aussi de Jésus Christ.

Quel était son secret?

Tout d'abord, elle, comme Joseph, était une personne
de loyauté.

> Elle était loyale à sa belle-mère, même au point de
> tout laisser derrière pour la suivre. Elle a aussi
> accepté le DIEU de sa belle-mère, sa nation, et les
> coutumes comme les siennes. Elle a construit un
> pont entre sa culture et celle de Naomi. Si jamais
> tu veux faire avancer l'Évangile dans le monde, tu
> dois construire des ponts entre les nations et les
> cultures. Je ne dis pas que vous devez accepter un
> élément de chaque culture, surtout s'il est impie

ou profane. Mon point est le même que celui de l'apôtre Paul: «Lorsque j'ai affaire aux Juifs, je vis comme un Juif, afin de les gagner; bien que je ne sois pas soumis à la loi de Moise, je vis comme si je l'étais lorsque j'ai affaire à ceux qui sont soumis à cette loi, afin de les gagner. De même, lorsque je suis avec ceux qui ignorent la loi de Moise, je vis comme eux, sans tenir compte de cette loi, afin de les gagner. Cela ne veut pas dire que je suis indifférent à la loi de DIEU, car je suis soumis à la loi du Christ. Avec ceux qui sont faibles dans la foi, je vis comme si j'étais faible moi-même, afin de les gagner. Ainsi, je me fais tout à tous afin d'en sauver de toute manière quelques uns. Je fais tout cela pour la Bonne Nouvelle, afin d'avoir part aux biens qu'elle promet». (1 Corinthiens 9:20–23)

Ruth a appris à construire un pont – d'amour, de sacrifice, et d'endurance. Les personnes du monde ne peuvent pas voir Jésus ou le sentir. Leur seule voie à Jésus est par le biais de Le rencontrer en vous, frères Chrétiens.

Les Chrétiens ne peuvent pas atteindre le monde avec l'arrogance et une supériorité d'attitude. Construire des ponts signifie que vous devez respecter et accepter les personnes d'une certaine nation et de culture, mais toujours rester fidèle au Seigneur. Étant un migrant béni, vous devez aimer la nation dans laquelle vous vivez. Vous devez considérer leur nation et les coutumes comme les vôtres. Vous devez servir cette nation comme vous serveriez la vôtre.

Étant un migrant béni vivant aux Pays-Bas, j'ai appris à honorer cette nation. J'aime sa langue, et j'aime son peuple. J'ai fait un serment devant DIEU que je servirai ce pays comme s'il était mon propre pays. J'aime sa reine et, je prie pour son cabinet et pour son développement politique. Bien sûr, je suis conscient qu'il y a des choses méchantes qui se passent. Pourtant, je me suis formé moi-même à parler positivement des Pays-Bas.

Plusieurs personnes vivent depuis des années dans une certaine nation et, encore ne parlent pas correctement la langue. Ils ne pratiquent pas les coutumes du pays d'accueil correctement. Comme un migrant béni, vous devez travailler dans le cadre de sa culture. Vous ne pouvez pas aller dans un village quelque part au Moyen-Orient, vêtu comme un capitaliste Occidental, et commencer à chanter des chansons de Don Moen ou de Vignoble. Ce ne sera pas réel. Vous devez apprendre et respecter les coutumes, le code vestimentaire, et la langue des pays dans lesquels vous voyagez. C'était ce que Paul faisait. Il n'a jamais ignoré les coutumes et cultures; plutôt, il les utilisait pour construire des ponts. Et à travers ce pont, il faisait avancer le royaume. Il connaissait la culture Grecque. C'était pourquoi quand il était dans un colisée à Athènes, il a insisté sur un monument avec cette inscription: «à un dieu inconnu». Il leur a dit que, bien qu'ils aient plusieurs dieux, comme ils avaient écrit, il y avait un dieu inconnu, et il est venu pour parler au sujet de ce DIEU, le DIEU du ciel et de la terre. Ce DIEU n'était plus inconnu; il s'était révélé Lui-même à travers l'existence de Jésus Christ. Comment Paul pourrait avoir fait cela s'il n'avait pas bien connu la langue et la culture Grecque?

Finalement, Ruth est restée humble. Elle était pauvre et avait très faim quand elle est arrivée à Bethléem avec sa belle-mère malade. Elle est allée au champ de grains de Boaz, et a commencé à recueillir les restes de grains, et les porta à Naomi.

Boaz a remarqué cela, et il lui donna sa faveur à prendre autant qu'elle le voulait. Plus tard, ils sont tombés amoureux, et Ruth épousa Boaz, l'homme le plus riche de la ville.

Ne jamais mépriser les petits commencements. C'est dans les petites choses que DIEU vous teste. Beaucoup de gens veulent réussir dans un court laps de temps. Le succès pieux, pourtant, commence dans les petites choses, et cela se développe lentement. Le succès rapide est dangereux et destructeur.

Plusieurs migrants veulent réussir instantanément, et ils prennent de mauvaises décisions pour réussir rapidement.

Ils finissent dans le traitement des drogues ou dans la fraude financière, jusqu'à ce qu'ils soient arrêtés et déportés vers leur pays.

Je me rappelle le jour que je suis arrivé aux Pays-Bas. Comme un migrant qui avait voyagé à travers les montagnes de températures glaciales, dans lesquelles un bébé avait même trouvé la mort, cela avait été un terrible voyage. Je suis arrivé en Europe sans rien – seulement des sacs avec quelques vêtements. Mes parents et moi, avec mes soeurs, avons commencé la vie à zéro. Je me souviens quand je suis allé à l'école, j'ai dû apprendre la langue et participer à l'école normale. C'était l'un des moments les plus terribles de ma vie. Je savais que mes parents n'avaient pas d'argent. Nous ne pouvions pas acheter des vêtements ou des chaussures. Comme un adolescent, je suis allé aux cabines d'ordures du voisinage la nuit, et ouvert les sacs, essayant de trouver des chaussures, des vêtements, ou d'autres choses. Chaque fois que ma mère me demandait comment j'avais eu ces choses, je lui disais que mes amis à l'école me les avaient données. Au collège, je travaillais tard au bureau de poste, parfois de minuit jusqu'à 6h 00 du matin. De là, je vais droit à l'université. J'ai vu beaucoup de choses difficiles, mais j'ai appris à être fidèle et reconnaissant à travers tout cela.

Merci DIEU qu'aujourd'hui, je suis une personne bénie et couronnée de succès, vivante en Europe. Et parce que c'était pendant ce voyage que j'avais donné ma vie à Jésus Christ, les choses ont commencé à changer dans une meilleure façon. Je suis béni en servant le Roi de la Gloire, et en partageant mon expérience avec des milliers de migrants en Europe et dans le monde.

Comme moi, Ruth a consacré sa vie à DIEU et à Ses commandements, et Il l'a guidé vers les champs qui appartenaient à Boaz. Plus tard, elle s'était assise à une table avec lui, et a trempé le pain dans du vin avec lui. Ruth a reçu les faveurs de Boaz, et il l'a bénie. Boaz était son parent rédempteur, quelqu'un qui aide et qui sauve les pauvres et les opprimés dans sa famille. Il aide même ceux de sa famille élargie. Finalement, Ruth a épousé Boaz, et il lui a donné ce qu'elle voulait: un mari, une famille, et un endroit pour appeler à la maison.

Un Message Spécial pour Vous

Quelle est votre histoire? Avez-vous perdu une précieuse personne dans votre vie? Avez-vous connu une récente tragédie? Il est temps de commencer une nouvelle vie. Comme un migrant, commencer à espérer en un avenir meilleur. Parce que vous êtes dans un pays étranger, juste comme Ruth, apprenez les coutumes, la langue, et la culture de cette nation. Je demande souvent à plusieurs personnes qui se sont plaintes de discrimination et de rejet dans leur société d'adoption les questions suivantes: «Parlez-vous la langue correctement? Que savez-vous du pays dans lequel vous vivez? Comment est-ce que vous vous souciez du pays et de ses habitants?». Souvent, ils se taisent avant de me répondre. Rappelez-vous, que même la femme ou l'homme le plus dur dans la société qui est contre les migrants, remarquera votre passion et votre amour pour leur pays et leur langue. Je vous assure que, une fois qu'ils voient cela, ils commenceront à aimer ce que vous faites et finalement, à vous aimer. Si vous voulez que les gens ouvrent les portes d'opportunités pour vous, et si vous voulez l'amour et le respect des personnes dans votre pays d'accueil, commencer à les respecter et à les aimer, en faisant de leur culture la vôtre, et leur langue une partie de votre vie. Le respect est gagné, et pas acquis. Ces choses simples vous mèneront loin, car elles construisent des ponts qui rapprochent les gens ensemble.

6

DANIEL, UN RÉFUGIÉ COURAGEUX

Quand Daniel était jeune, il était un membre de la famille royale dans le royaume de Juda. Après que les Babyloniens aient attaqué Juda, Daniel a été témoin d'une guerre cruelle, et il a probablement subi une forme de traumatisme en les regardant détruire sa patrie.

Les Babyloniens le séparaient de ses parents, et l'ont ramené chez eux. Daniel est entré à Babylone comme un otage, et s'est retrouvé au palais du roi. Peu après, les Perses ont vaincu Babylone, et Daniel est devenu un fonctionnaire de haut rang sous le roi de Perse. Plus tard, il est devenu la personne la plus importante de la Perse après le roi. Et à travers lui, les personnes ont glorifié le nom de DIEU dans tout l'Empire Perse, et béni les compatriotes de Daniel, les Juifs, en Perse.

DIEU a béni Daniel parce qu'il n'avait pas honte de son DIEU, et des lois de sa foi. Dans Daniel chapitre 1, Daniel a refusé de se souiller lui-même avec de la nourriture de la table royale. Plutôt, il a choisi de manger des légumes. Pourtant, après avoir mangé des légumes pendant dix jours, il avait l'air beaucoup mieux, et en meilleure santé que ceux qui se sont souillés eux-mêmes avec de la nourriture impure. Daniel a aussi eu le courage de dire «Non», et de refuser. Daniel a refusé de prier pour le roi Darius après un décret qui, pendant trente jours, tous ceux qui ne prient pas pour le roi serait mis à mort. Pour cette raison, le roi a condamné Daniel à mort, et l'avait jeté dans une fosse aux lions Perses.

Pourtant, les lions ne lui font pas de mal, et il est sorti vivant. Le roi l'a promu à un plus haut rang, et il a reçu plus d'estime dans le palais royal.

Plusieurs migrants se souillent eux-mêmes par les coutumes impies et les comportements de leur culture d'accueil. Au lieu de ramasser les bons éléments et les utiliser avec soin, ils choisissent les choses qui les détruisent. Je me souviens de mes amis avec qui je suis allé à l'école et étudié la langue. Dès que le week-end arrive, mes amis, qui étaient aussi des migrants, vont dans les discothèques, boivent de l'alcool, et consomment de la drogue. Pourtant, je reste à la maison pour étudier. La quasi-totalité d'entre eux ne sont pas entrés dans une université, n'ont pas terminé l'école, ou n'ont pas trouvé un bon emploi. Plusieurs d'entre eux finissent par être sans emploi, et vivent dans un environnement peu sûr. Je suis diplômé de l'université et converti au Christianisme. Plusieurs années plus tard, je me suis marié, et j'ai deux fils et une belle fille. L'Esprit Saint m'a aidé à établir un ministère qui a eu un impact sur plusieurs personnes provenant d'au moins quatre-vingt cinq nations à travers le monde. Plusieurs personnes se perdent elles-mêmes dès qu'elles sont dans un environnement différent du pays. Tout comme Daniel, j'ai appris à tenir la coupe du roi de ce monde, et pourtant, ne pas m'incliner devant lui. Pourquoi devrais-je m'excuser pour mes valeurs et ma croyance en DIEU? Plusieurs Chrétiens sont très timides et trop réservés pour exprimer leur foi dans leur vie quotidienne.

Je n'ai jamais compris comment une personne peut ramasser son paquet de cigarettes, allumer une allumette, et fumer en ma présence sans demander la permission, et pourtant, je devrais avoir honte de pratiquer ma foi dans le monde. S'il peut avoir ce genre d'audace, pourquoi ne devrais-je pas avoir la même quand je célèbre mon DIEU? Je vois de jeunes couples dans les rues animées d'Amsterdam s'embrasser intensément quand tout le monde passe par là, et pourtant, les mêmes personnes ridiculisent un pasteur prêchant un message dans la même rue. Le monde n'a pas honte des produits qu'il fabrique, dont il fait la publicité, et vend. Il fait la publicité des cigarettes de manière tentante, que cela vous donne envie de fumer, et les producteurs n'ont pas honte des millions d'anciens patients atteints de cancer diagnostiqués chaque année, ou de créer des maisons et des familles brisées après des incendies qui ont commencé avec de la cigarette. Le monde apporte des choses les plus laides et terribles, juste dans vos salles de séjour, et enseigne à vos enfants des choses qu'ils ne devraient pas connaître. Le monde n'a pas honte de produire une société pleine de viol, de rage, de criminalité, de rébellion, de racisme, et de sensationnalisme. Le monde est terriblement déçu et il continue cette déception. Pour le monde, le mal est maintenant toléré, et tout ce qui repose sur la parole du DIEU vivant est considéré comme démodé. Voilà comment le monde fonctionne; il change à la base les valeurs de vie qui dérivent de DIEU, et justifie ces changements par le marquage comme moderne et humain. Cependant, je n'ai pas honte de pratiquer ma foi dans le monde, tout comme le monde n'a pas honte du sien. Le monde vend la confusion, la mort, et la destruction, et ma foi offre la vie et la justice. Qui devrait vraiment avoir honte?

De nos jours, la majorité des jeunes ont des rapports sexuels avant même qu'ils aient atteint l'âge de quatorze ans, parce que la société explique que, ne pas avoir de rapports sexuels avant dix-huit ans est considéré comme étrange par leurs pairs. Les jeunes sont exposés à des émissions de télévision et des films qui polluent leurs esprits innocents. Les publicitaires conçoivent des plans, de telle manière que, il doit y avoir une femme nue parmi eux pour vendre des choses que les gens n'ont pas besoin. Certaines Chrétiennes ont honte de dire qu'elles sont vierges, de peur d'être ridiculisées. Rappelez-vous, c'est pas apprécié de vendre votre corps pour un moment de passion qui vous laissera avec des conséquences à vie. C'est excellent de refuser votre corps à une personne qui n'est pas votre mari ou votre femme. Il est bon de ne pas laisser d'autres profiter de votre corps, et ensuite vous laisser avec un enfant ou une maladie.

Notre monde ne fait qu'empirer. Aujourd'hui, les jeunes âgés entre seize et vingt-cinq ans fument, boivent, et font la fête. Fumer une cigarette seulement ne satisfait pas plus l'âme, alors, ils utilisent des drogues pour se maintenir haut.

Maintenant si quelqu'un – un adolescent ou un adulte – ne fait pas ces choses, lui ou elle, peut-être considéré comme étrange (bizarre). Prenez le lieu de travail, par exemple. Au Japon, si vous ne sortez pas, ne buvez pas avec vos collègues, ou ne visitez pas fréquemment des clubs de strip, alors quelque chose est soi-disant mal avec vous (Lee 2008).

Il y a de cela deux mille ans, les Césars Romains ont persécuté les Chrétiens. Les Chrétiens sont venus avec le message que Jésus était Roi et DIEU. Les Césars n'aimaient pas cette déclaration, donc, un des Césars, Nero, a déclaré que, dès lors, il était DIEU et Roi, et que chacun doit s'incliner devant lui. Il a aussi donné la chance aux personnes de s'incliner devant lui. Si elles ne s'inclinaient pas, elles devaient mourir.

Le signe pour refuser de s'incliner devant le César était le poisson. Les Chrétiens qui avaient placé ce signe sur leurs portes, avaient déclaré qu'ils ne s'inclineraient pas, étaient nourris aux lions et aux serpents dans les arènes de l'Empire Romain. DIEU cherche des croyants qui ne s'inclineront pas devant le monde, le César de ce temps. Il cherchent ceux qui choisissent de ne pas avoir honte de l'Évangile du Christ. Il s'agit de la mesure d'une vie Chrétienne excellente.

Un Message Spécial pour Vous

Peut-être vous êtes où vous êtes maintenant parce que vous êtes un réfugié, une victime de guerre, ou de crise économique et environnementale. Peut-être vous êtes un Daniel des temps modernes. Apprenez à être loyal à vos principes. Ne craignez pas d'autres personnes, et apprenez à dire: «Non».

Plusieurs fois dans ma vie, j'ai eu d'excellentes occasions de faire des choses pour être bien connu ou riche. J'ai, cependant, dit «Non» à ces choses, et cela a prouvé mon intégrité aux principes dans lesquels je crois. Cela m'a même offert plus d'occasions et de promotion que j'aurais eu si je les avais acceptées. Une fois, je me suis rendu dans un pays pour parler à un groupe de femmes migrantes qui étaient des travailleuses domestiques. J'ai remarqué qu'elles étaient plus fatiguées, stressées, et malades.

Comme je leur parlais, elles ont partagé leurs coeurs avec moi, et m'ont dit qu'elles travaillaient pour trois ou quatre familles, nettoyant leurs maisons, gardant leurs enfants, faisant leur lessive, même si leur contrat ne fut que pour une seule famille. Souvent, elles étaient durement traitées, et certaines étaient même physiquement confrontées. C'est arrivé parce que ces précieuses femmes n' ont pas appris à dire «Non». J'ai réalisé que je devais leur prêcher plus d'un message d'évangélisation, mais je devais leur enseigner comment se tenir debout pour leurs valeurs et leurs droits. Après être retourné régulièrement dans ce pays, il y a eu réussite. Les employeurs commencent à changer.

Une famille s'est même repentie pour ce qu'elle a fait à une travailleuse domestique, et maintenant, elle la soutient dans tous les aspects.

Apprendre à dire «Non». Les gens vous traitent de la manière dont vous leur permettez de vous traiter. Les migrants ont habituellement peur de dire «Non», surtout quand ils sont nouveaux dans un pays.

Ne soyez pas comme cela. Soyez audacieux, honnête, et sincère dans votre vie en tant que migrant. Rien n'est mieux que d'être vous-même, croire en vos valeurs, et faire confiance en DIEU. Cela vous mènera loin.

PARTIE 2

LES MIGRANTS D'AUJOURD'HUI

7

LES MIGRANTS ET L'ÉVANGÉLISATION MONDIALE

À travers la Grande Commission, Jésus encourageait les disciples à devenir des migrants, «Allez donc auprès des gens de toutes les nations et faites d'eux mes disciples; baptisez-les au nom du Père, du Fils et du Saint-Esprit, et enseignez-leur à pratiquer tout ce que je vous ai commandé. Et sachez-le: je vais être avec vous tous les jours, jusqu'à la fin du monde». (Matthieu 28:19–20) . Les apôtres voyageaient de ville en ville, et de pays en pays pour accomplir ce que les Chrétiens appellent la Grande Commission.

Depuis cette époque jusqu'à quand l'homme se rendit à travers les océans, et les cieux, l'évangile a été prêché.

Si vous lisez l'histoire, vous pouvez voir la main de DIEU.

Les humains ont fait beaucoup de fautes, et pourtant DIEU n'a jamais cessé de diriger l'ensemble selon Son dessein divin. Par exemple, DIEU a permis aux Européens d'aller vers d'autres nations et conti-nents, pas parce que DIEU voulait d'eux qu'ils colonisent ces nations, et abusent des ressources de ces nations, mais parce que DIEU voulait qu'ils évangélisent les peuples inconnus et les cultures. Ce n'était pas DIEU qui encourageait le colonialisme et l'esclavage. C'était le mal dans le coeur des hommes, l'avidité, qui les ont conduit à commettre de tels actes cruels.

Toutefois, DIEU dirige toujours et redirige tous les scénarios vers Son grand plan. Le langage est un exemple: en Afrique, il y a des milliers et des milliers de langues et dialectes. Pourtant aujourd'hui, les Africains parlent Anglais, Français, Portugais, Italien, et Arabe.

Les Latino-Américains parlent Espagnol, Portugais, Français, et Anglais. Les Asiatiques d'Extrême-Orient parlent Anglais, et certains parlent le Français. Les Moyen-Orientaux parlent Français, Anglais, et Arabe. Maintenant, les pays ex-colonisés sont de retour vers les pays qui une fois, les avaient jadis colonisés. Certains sortent de la pauvreté et de la faim, certains vont à l'éducation, certains viennent à cause de la guerre, mais certains vont prêcher l'é-vangile que les Européens une fois, ont essayé de leur prêcher, mais de toute façon, ont échoué. Je crois de tout mon coeur que DIEU va utiliser les migrants pour faire revivre l'Europe, l'Amérique du Nord, l'Extrême-Orient, et les nations du Pacifique comme l'Australie et la Nouvelle-Zélande.

Les statistiques montrent que le mouvement Pentecôtiste et Charismatique est la forme Chrétienne de foi la plus forte en croissance dans le monde; la majorité de ces croyants viennent des pays en développement. Il y a 104 millions de migrants qui vivent dans les pays riches. Les Migrants sont très importants pour le royaume. Rappelez-vous aujourd'hui, la plus grande nation, les États-Unis, sont le plus grand exportateur d'évangile dans le monde, et aussi une nation migrante (Anderson 2004).

Les premières personnes qui ont été témoins de la Pentecôte dans Actes étaient des migrants de différentes parties du monde.

Deux, le grand mouvement Pentecôtiste a commencé dans une église migrante avec les minorités Africaines-Américaines à Azusa Street 312, sous la direction de William Seymour (1870–1922), le fils d'esclaves libérés. C'est merveilleux que l'Esprit Saint a visité une église de descendants d'esclaves. Seymour avait loué un vieux bâtiment d'entreposage sur Azusa Street, qui avait été une ancienne église Méthodiste Épiscopale. Avec de la sciure, des étages parsemés, et des planches rugueuses comme des bancs, les réunions quotidiennes débutent vers 10h le matin, et durent jusqu'à la nuit. L'Esprit Saint les a visité, et spontanément, ils ont commencé à parler et à chanter en langues. C'était à travers le mouvement

Pentecôtiste que le mur entre le noir et le blanc à l'église a commencé à s'écrouler, et les femmes ont commencé à avoir plus de liberté dans le ministère. Les premiers blancs pasteurs Pentecôtistes ont été baptisés dans l'Esprit Saint à l'église sur Azusa Street.

Plus tard en 1907, ils ont voyagé en Inde, et ont apporté le message de la Pentecôte à Calcutta. Vite, Azusa Street a reçu une attention internationale, et la relance de la Pentecôte a commencé à se répandre à travers les États-Unis, l'Amérique Latine, l'Europe, l'Afrique, et l'Asie. En moins de deux ans, Azusa Street avait atteint vingt-cinq nations comme l'Inde, la Chine, le Japon, l'Angola, l'Afrique du Sud, et plus. DIEU a utilisé la moins de toutes, une église migrante et un bâtiment de stockage sans beauté, et les a visité, et manifesté Sa gloire. Qu'est-ce que DIEU faisait? Quel était Son plan? Pourquoi visiterait-Il un ex-fils d'esclave et son église? Je crois que DIEU veut que l'église migrante soit prise au sérieux dans le monde.

Les Chrétiens, surtout, devraient être plus actifs en montrant l'amour de DIEU et l'attention pour les migrants, peut-être même gagner leurs coeurs pour sauver leurs âmes, et donner naissance à de grands hommes et femmes de DIEU. Pendant que je vivais une vie impie étant un migrant, un missionnaire Coréen, Philip, m'a témoigné. Il n'a jamais pu imaginer qu'un jour, mon ministère, s'étendrait incroyablement à quatre-vingt-cinq nations dans le monde entier.

Dans les chapitres à venir, je partagerai sur certains migrants des pays exportateurs comme études de cas, et nous essayerons de découvrir le plan de DIEU pour ces pays, et comment DIEU les utilise pour atteindre le plus les pays en développement pour Christ. Dans certains cas, j'irai encore plus en profondeur pour décrire quelques études de cas individuels des migrants dans ces nations.

8

LES MIGRANTS PHILIPPINS

S'il y a une nation que j'admire et respecte, ce sont les Philippines. Mon adoration, surtout, va aux millions de mères, soeurs, et filles des Philippines qui travaillent à l'extérieur – faisant normalement le travail domestique pour prendre soin de leurs familles, et indirectement bénir l'économie de leur nation. Ça brise mon coeur quand je vois ces belles femmes maltraitées, et sous-estimées simplement parce qu'elles semblent petites de taille. En réalité, leurs coeurs sont très gros.

Les Philippines ont traversé des vallées et des ombres de la mort. Au cours de son histoire, elles ont été attaquées et colonisées par plusieurs puissances étrangères. Les Espagnols, les Américains, et les Japonais ont joué des rôles importants dans son histoire. L'Espagne a introduit le Catholicisme aux Philippines, et les Américains ont introduit le style de vie Américain et la langue Anglaise. Les Philippines

ne sont pas une nation économiquement forte; il y a
beaucoup de pauvres personnes qui y vivent. Elles
essaient de survivre.

À Manille, il y a des millions de pauvres personnes à travers la ville. Plusieurs dans les zones rurales
essaient de trouver du succès à Manille, laquelle rend
les choses pires. Plusieurs Philippins essaient aussi de
trouver du travail à l'extérieur et dans les pays
étrangers. Comme résultat, les Philippines sont le plus
grand exportateur de main-d'oeuvre, dépassant
même le pakistan, l'Inde, et la Chine. Il est estimé que
700,000 départs se produisent chaque année.
Aujourd'hui, il y a 11 millions de Philippins travaillant dans 181 pays à travers le monde.

Cela signifie que 11% de la population des
Philippines vit à l'extérieur. En dehors de ces 11 millions, environ 546,701 philippins vivent dans les sept
grands pays d'Europe Occidentale:

Pays	Nombre de Philippins
France	47,745
Allemagne	53,995
Grande-Bretagne	200,000
Italie	200,000
Espagne	26,505
Les Pays-Bas	18,456
Total	**546,701**

Source: Wikipedia

Il y a 4 millions de travailleurs Philippins aux États-Unis, et 2 millions en Arabie Saoudite. J'ai eu le privilège et l'honneur de travailler avec des travailleurs Philippins à l'étranger, dans mon ministère, pas seulement en Hollande, mais aussi dans le monde entier. Malheureusement, j'ai remarqué que plusieurs d'eux, surtout les femmes, souffrent. Ce sont des personnes bien éduquées qui parlent Anglais, pourtant, ils sont devenus des travailleurs dans un pays étranger avec de bas salaires. Ils méritent plus que cela. Dans certains pays du Moyen-Orient, les conditions sont encore fortement pires en raison des lois fondamentalistes Musulmanes. Même si les Philippines sont pré-dominantes Catholiques, le Pentecôtisme est le groupe Chrétien à plus forte croissance (Centre de Recherche Pew 2006). Quelque chose aussi, de plus, arrive quand les Philippins vont à l'étranger. Ils deviennent zélés pour DIEU, sont actifs dans l'évangélisme, et prennent soin de leurs compatriotes là-bas. J'ai délibérément choisi cette nation comme un exemple parce que, je crois vraiment que DIEU a oint les migrants Philippins pour apporter le message d'amour et l'évangile du Christ aux nations dans lesquelles ils travaillent. J'expliquerai les histoires de certaines travailleuses domestiques qui ont eu un impact sur les vies de nombreuses personnes. Aussi, je partagerai avec vous, quelques histoires de coeur endolori sur les grands hommes et femmes qui ont été martyrisés ou torturés à cause du Christ.

Les Philippins: Les Migrants choisis de DIEU

Seulement des personnes à l'esprit étroit regardent les Philippins comme de petits Asiatiques, essentielle-ment des femmes et des hommes courts, et à la peau foncée, qui travaillent pour des travaux à profil bas. Il s'agit d'une grosse erreur. Ces personnes ne regardent pas au-delà des postures courtes de mes frères et soeurs Philippins pour voir un grand peuple, que DIEU a choisi et envoyé. Ce sont les vivants Daniel, Mordecais, Esther, et les serviteurs de Naaman. Plusieurs de ces migrants Philippins sont des instru-ments choisis de DIEU pour témoigner aux nations qui les accueillent. Vous devez les respecter, les aimer, et les aider.

Savez-vous que dans certaines nations Européennes, il y a plus de communautés Chrétiennes Philippines que celles du pays d'accueil? Par exemple, en Chypre Orthodoxe, il y a environ trois mille Chrétiens Nés de Nouveau. Toutefois, ce nombre n'in-clut pas le nombre de croyants Philippins, Indiens, Sri-Lankais, et Africains. J'estime que ces groupes ont aussi plusieurs Chrétiens Nés de Nouveau à Chypre que les Chypriotes eux-mêmes. Je sais aussi que les églises Philippines sont l'une des églises les plus fortes en croissance à Chypre. Les membres se rassemblent dans des appartements, des pavillons, et des maisons où, les dimanches, ils sont transformés en églises.

L'Onction des Serviteurs de Naaman

«Le général en chef du roi de Syrie s'appelait Naaman. Son maître l'appréciait beaucoup et le traitait avec faveur; en effet, c'était par lui que le Seigneur avait donné la victoire aux Syriens.

Mais cet homme, un vrai héros, était lépreux. Or des pillards Syriens, qui avaient pénétré en bandes dans le territoire d'Israel en avaient ramené prisonnière une fillette, qui devint la servante de la femme de Naaman. La fillette dit un jour à sa maîtresse: «Ah, si seulement mon maître se présentait au prophète qui est à Samarie. Celui-ci le guérirait tout de suite de sa lèpre».

Naaman alla parler au roi de ce que la petite servante Israélite avait dit: «Bien, dit le roi, va trouver le roi d'Israel avec la lettre que je te remettrai pour lui». Naaman partit donc en emportant environ trois cents kilos d' argent, soixante kilos d'or et dix habits de fête. Il remit au roi d'Israel la lettre où le roi de Syrie avait écrit: «Je t'envoie mon général Naaman, porteur de cette lettre, pour que tu le guérisses de sa lèpre». Dès que le roi d'Israel eut fini de lire la lettre, il déchira ses vêtements et s'écria: «Suis-je DIEU, moi, avec le pouvoir de faire mourir et de faire revivre les gens? Voilà le roi de Syrie qui m'envoie quelqu'un à guérir de la lèpre. Vous voyez bien: il cherche à m'entraîner dans un conflit».

> Lorsque le prophète Élisée apprit que le roi d'Israél
> avait déchiré ses vêtements, il lui fit dire:
> «Pourquoi es-tu pareillement bouleversé? Cet
> homme n'a qu'à venir chez moi, et il saura qu'il a
> vraiment un prophète dans le pays d'Israel».
>
> Naaman vint donc avec son char et ses chevaux,
> et attendit devant la porte de la maison d'Élisée.
> Élisée envoya quelqu'un lui dire: «Va te plonger
> sept fois dans l'eau du Jourdain. Alors tu seras
> guéri et purifié».(2 Rois 5:1–10)

Après beaucoup d'hésitation et de colère, Naaman a
finalement fait ce qu'Élisée lui avait conseillé de faire,
et il était complètement guéri, revint dans son pays, et
glorifiait Jéhovah, le DIEU d'Israel. La servante de
Naaman me rappelle les millions de travailleuses
domestiques Philippines au Moyen-Orient, en Asie,
et en Europe. La bonne de Naaman était juste une travailleuse, une fille esclave prise à la guerre, mais elle
avait la réponse au problème du plus puissant général
de la ville. Le monde a la lèpre, et seul le Christ peu
guérir cela. Les Philippins et d'autres migrants disent
à leurs employeurs, patrons, voisins, et collègues que
seul Jésus peut les guérir quand ils se rendent et se
lavent eux-mêmes dans l'eau de vie, l'Esprit Saint.
C'est ce que la bonne a fait à Naaman.

Comme je l'ai mentionné plus tôt, il y a aussi
546,701 travailleurs Philippins en Europe

Occidentale. Trois importants pays Catholiques, L'Espagne, la France, et l'Italie (je n'ai pas les chiffres sur le Portugal) ont 274,250 Philippins; il y a 200,000 en Italie seulement. Selon «Operation World», 27,5% de la population des Philippines est Charismatique, Pentecôtiste, ou Évangélique (Johnstone and Mandrijk 2001). Supposons que ces 27,5% des 274,250 Philippins qui vivent dans ces trois pays sont des Chrétiens actifs (75,419). Supposons qu'ils travaillent chacun pour une famille composée de trois membres.

Cela signifie qu'ils peuvent atteindre au moins 226,257 personnes (75,419 × 3 = 226,257) pour l'évangélisme en Espagne, France, et Italie chaque jour. Chaque jour, 226,257 personnes en Espagne, France, et Italie, ont directement ou indirectement témoigné à la population des Philippines.

Pourtant, plusieurs églises indigènes dans ces nations ne reconnaissent même pas les églises Philippines. Certaines ignorent même de travailler avec les églises Philippines. Dans certains pays, les relations entre les églises Philippines et les églises locales sont très limitées. Je pense que cela pourrait être dû au fait que les femmes conduisent la majorité des services à l'église; par conséquent, plusieurs églises locales ne les prennent pas au sérieux.

Une fois, je parlais avec un pasteur dans un pays d'Europe Occidentale. Il avait une grande église par les normes Européennes. Je lui ai demandé au sujet des Philippins dans sa communauté. L'orgueil et

l'arrogance remplissent ses commentaires. Il les con-
sidérait comme des citoyens de deuxième classe,
même dans le royaume, et il parlait humblement
d'eux. Il ne savait pas que DIEU ne serait pas content
de sa réponse; il ne savait pas que DIEU a promis,
que quiconque bénit Abraham et sa progéniture, sera
aussi béni en retour; il ne savait pas que les croyants
Philippins sont des serviteurs bénis de DIEU. Aussi
longtemps qu'il y aura des préjugés cachés contre
certains groupes de personnes, DIEU ne fera pas
avancer les choses dans vos vies et vos églises, et cela
empêchera la relance dans vos pays.

Chypre, une Renaissance Philippine

Le Seigneur a utilisé une travailleuse domestique
Philippine, une mère qui n'avait pas vu ses enfants
depuis un certain nombre d'années, pour commencer
l'un des réveils les plus passionnants et importants à
Chypre, qui continue toujours aujourd'hui. En 1996,
DIEU a parlé à mon coeur d'envoyer un message personnel à une soeur Philippine que je n'avais jamais
rencontré. Cette femme, Mama Lynn, est la soeur
d'un des membres de mon équipe à Amsterdam.
Mama Lynn, toutefois, n'était pas une Chrétienne
active. Elle traversait des problèmes émotionnels et
physiques. Le Saint-Esprit me poussa à la joindre à
travers un message à caractère personnel enregistré
sur une cassette. Je l'ai fait, mais je n'avais aucune

idée que c'était le point de départ de quelque chose de beaucoup plus grand. Mama Lynn écouta la cassette, et comme elle a entendu ma voix, elle a réorienté sa vie à Jésus Christ. Sa vie a changé; la joie lui est revenue, et elle a reproduit cette cassette en double, et l'a donné à d'autres femmes Philippines qui travaillaient aussi à Chypre. Huit de ces femmes ont écouté la cassette, et la même chose leur est arrivée aussi. Quelques mois plus tard, J'ai reçu un appel téléphonique de Chypre, et ces merveilleuses soeurs nouvellement converties m'ont invité à venir là pour les baptiser. C'était ma première visite et le début de mon ministère là.

Certains Chrétiens, même certaines églises Philippines, n'ont pas approuvé mon voyage à Chypre. Ils m'ont critiqué parce que je me suis rendu là-bas. Je suis allé chaque année juste pour ces huit soeurs. Toutefois, ces soeurs étaient tellement remplies de l'amour de DIEU qu'elles ne pouvaient pas attendre. Elles allaient dans les parcs et les rues, et témoignaient aux Philippins et à d'autres Chypriotes. Peu de temps après, elles ont fini leur contrat à Chypre, et retournèrent aux Philippines. Une d'elles était soeur Lucy. Dès son retour dans sa ville natale, elle a mis en place une communauté Chrétienne où, il n'y avait pas de nombreuses églises Nées de Nouveau.

Aujourd'hui, à travers elle et certains pasteurs rattachés à elle, il y a quatre églises.

Entre- temps, à Chypre, j'ai toujours voyagé là chaque année, et j'ai probablement réuni vingt ou vingt-cinq Philippins ensemble. À un voyage, j'ai rencontré un jeune homme de vingt ans appelé Carlos, qui était juste devenu un Chrétien Né de Nouveau. Je savais qu'il aurait un rôle clé pour l'évangélisation des Philippins à Chypre. Je l'ai formé et fait chef d'un petit groupe de dix à douze personnes. Il a grandi dans l'Esprit et dans sa capacité de conduite. Carlos et son équipe ont commencé à prier pour un plus grand réveil à Chypre. Peu de temps après, environ neuf camarades Philippins se sont unis pour le réveil. Quand je suis allé là-bas en 1999, environ 250 personnes ont rempli la salle d'un hotel, et ces neuf camarades encourageaient les croyants. Le groupe a augmenté pour atteindre vingt personnes. En 2003, un théâtre entier – presque cinq cents personnes, qui est un très grand nombre pour Chypre – était rempli de merveilleuses soeurs Philippines et des croyants de Chypre, du Nigéria, du Ghana, et de l'Égypte. Ils sont tous assis ensemble. Un pasteur Chypriote m'a dit qu'il avait si honte, qu'il n'avait jamais cru en la capacité de ces merveilleuses soeurs Philippines en feu pour DIEU. Il n'a jamais pensé qu'elles pouvaient faire cela, c'est à dire rassembler autant de monde ensemble. Tout cela a commencé avec une travailleuse domestique, une simple et aimable personne qui a donné sa vie à Christ.

L'histoire Chrétienne se souviendra de son nom dans les générations à venir. Aujourd'hui, il y a de nombreux migrants qui sont des héros et inconnus pour Christ. Peut-être que personne ne se souvient de leurs noms, mais DIEU se souvient. Si vous êtes un Chrétien et avez des voisins migrants, ne jamais les sous-estimer. On ne sait jamais. Un jour, cette personne peut-être un catalyseur pour la renaissance dans votre nation.

Les Migrants Martyrs

Les migrants Philippins ont un impact sur le monde Musulman, surtout l'Arabie Saoudite qui est le berceau de l'Islam. Vous avez entendu l'histoire d'un frère Chrétien en Arabie Saoudite, frère appelé René Camahort. René était un travailleur migrant en Arabie Saoudite. Aux Philippines, il a travaillé au sein d'une brigade pendant quelques jours sans dormir. Il a quitté pour l'Arabie Saoudite et est devenu un représentant d'une agence de voyage.

Il a été emprisonné pendant plus de quatre ans, et en 1999, le gouvernement l'a remis en liberté. Pendant ces années, il écrivait secrètement des lettres; ces lettres titrées « Portes Ouvertes» étaient publiées pour montrer comment ses soeurs et frères Philippins étaient torturés et même martyrisés dans les prisons d'Arabie Saoudite.

En Arabie Saoudite, plusieurs employeurs peuvent tirer profit de leurs travailleurs sans être punis. Les travailleurs migrants étaient traités comme des esclaves.

Il y avait une femme Philippine qui était souvent violée et abusée par son patron. Quand elle le refusait, il l'accusait de vol. Elle a failli perdre son bras, qui était la peine en cas de vol selon la loi Islamique. Parfois, les employeurs ne paient même pas le salaire exact aux travailleurs migrants. La majorité de ces travailleurs font de lourds travaux. Le travail de René était bon. Pourtant, cela ne payait pas bien parce qu'il ne recevait pas les salaires qu'il méritait. Selon René, ses ennuis ont commencé quand il se plaignait au sujet de son salaire. Son patron lui avait promis des commissions, des primes, des vacances annuelles, etc... Après un certain temps, il lui a été demandé de faire des choses pour la compagnie au-delà de la description de son poste. La compagnie lui a demandé de fixer des choses dans le bureau et de les nettoyer lorsqu'il était représentant de l'agence de voyage. À cause de sa préoccupation constante au sujet de son salaire, son patron l'a accusé de fraude, et il a fini au département numéro quatre de la prison de Malaz. Il y avait cent Philippins là. Au département numéro 4, certains Philippins se réunissaient régulièrement pour l'étude de la Bible. Durant ces études, René a trouvé le Christ. En situation de servitude, il a trouvé la liberté. Dans ses lettres, René a écrit comment ils priaient secrètement, et lisaient la Bible sans être remarqués par les gardes ou d'autres détenus. Progressivement, les prisonniers Chrétiens ont commencé à le respecter, et il est devenu un bon ami à Ruel, le chef du groupe d'étude Biblique.

Un jour, tôt le matin, les gardiens de la prison sont venus et prirent Ruel et d'autres amis pour aller les décapiter. Ruel, un frère Philippin, a été martyrisé pour Christ à cause de sa foi.

Ceci n'est que l'une des milliers d'histoires sur les merveilleux migrants, pas seulement des Philippines, mais aussi de l'Inde, du Bangladesh, et de l'Afrique, que DIEU a utilisé dans les endroits les plus hostiles au monde. Combien de ces migrants héros ont été tués en silence? Qui se soucie de ces grandes personnes qui sont prêtes à être martyrisées pour leur foi? En Occident, même certains Chrétiens font l'Hollywood de l'église, et ils font beaucoup de bruit dans le monde, et ils commercialisent la foi. Mais il y a des millions de migrants, qui évangélisent, et souffrent secrètement pour Jésus, juste comme René et ses amis.

9

LES MIGRANTS AFRICAINS

«Alors je transformerai les peuples, je purifierai leurs lèvres: ils me prieront, moi, le Seigneur, et me rendront un culte d'un même élan. Même de plus loin que les fleuves d'Éthiopie, Mes fidèles partout dispersés, Viendront m'apporter leurs offrandes». «Ce jour-là, mon peuple, tu n'auras plus à rougir de toutes tes mauvaises actions, des péchés commis contre moi; j'enlèverai en effet du milieu de toi tous ceux qui débordent d'orgueil, et tu cesseras de faire le fier sur la montagne qui m'est consacrée». (Sophonie 3:9–11)

Quelques versets prophétisés par Sophonie résument l'histoire de l'Afrique. Sophonie savait déjà que les personnes qui vivaient de l'autre côté des fleuves de l'Éthiopie seraient éparpillées. Il s'agit de la Diaspora Africaine à travers l'esclavage. Ces personnes éparpillées étaient prises de l'autre côté du monde comme des esclaves; pourtant, le Seigneur a promis que ces personnes viendraient apporter des offrandes et adorer le Seigneur ensemble.

Qu'est-ce que cela signifie que les gens adoreront le Seigneur ensemble? Est-ce que cela signifie que les noirs et les blancs, ou les fils et filles d'ex-esclaves adoreront le Seigneur ensemble avec les enfants des ex-esclaves propriétaires? Pouvait-il se référer à la renaissance de la Pentecôte Azusa, laquelle a ouvert les portes pour le mélange des races dans l'église? Tout le monde peut avoir différentes opinions sur cela, mais une chose est certaine: il y a renaissance en Afrique, surtout dans certaines régions et nations comme le Nigéria, le Ghana, ou l'Afrique du Sud. Après l'indépendance du siècle dernier des nations Africaines, et l'augmentation de la pauvreté économique, beaucoup ont décidé de voyager en Europe et aux États-Unis. Dans les années 1980 et 1990, ces groupes Africains ont commencé à s'agrandir en Europe et en Amérique du Nord. Encore aujourd'hui, les Africains sont dans les pays d'Extrême-Orient comme le Japon et la Corée. La majorité de ces Africains sont des Chrétiens très spirituels, qui sont ouverts au Saint-Esprit. Ils ont leurs propres manières de louer et d'adorer le Seigneur avec des chansons rythmiques et beaucoup de dance.

Une fois, j'étais au Japon dans une église au centre-ville à Tokyo. Les Nigérians, les Ghanéens. Les Philippins, certains Japonais ont rempli l'église. Cette église était plus grande que l'église Japonaise moyenne.

J'ai voyagé en Corée, vu plusieurs Africains, et entendu qu'il y avait des églises Ghanéennes là-bas, mais très peu d'églises locales Coréennes étaient au courant de leur existence.

DIEU utilise les Africains en Europe pour faire avancer l'évangile. En Angleterre, l'une des églises les plus croissantes rapidement est l'église Africaine, où ils atteignent en nombre pas seulement des Africains, mais aussi des blancs et d'autres groupes ethniques.

Les Ghanéens, les Nigérians, les Kényans, les Zimbabwéens, et les Zambiens sont aussi très actifs là-bas. La France est aussi une étude intéressante: si vous marchez dans certains quartiers à Paris, vous rencontrerez des annonces diverses, proclamant le royaume de DIEU, ou invitant les personnes d'assister à un service miracle du Saint-Esprit. Les Africains parlant le Français, principalement des pays ex-colonisés dans l'Afrique noire, organisent ces réunions.

Le Sud-Est D'Amsterdam, une Petite Afrique

Plus tôt dans ce livre, j'ai débattu de Bijlmer au sud-est d'Amsterdam. Marcher dans ces rues se sent comme si vous marchez dans un pays Africain. Les marchés et les boutiques me rappellent ceux d'Afrique du Sud. J'appelle cette partie d'Amsterdam «une petite Afrique». Chaque Dimanche, lorsque vous regardez à travers votre fenêtre, vous voyez des femmes et des hommes bien habillés, se précipitant à l'église avec

des Bibles dans leurs mains. Dans cette très petite partie d'Amsterdam, il y a environ 150 églises ou associations. En plus des Africains, il y a d'autres groupes
ethniques tels que les Antillais et les Surinamiens.
Des minorités Musulmanes sont aussi là.

Après les Surinamiens, les Ghanéens et les
Nigérians son t les plus grands groupes dans cette
région. Il y a au moins six mille Ghanéens inscrits aux
Pays-Bas, et probablement quelques milliers sont des
illégaux. La majorité des Ghanéens habitent à Bijlmer,
et plusieurs pasteurs Ghanéens conduisent de grands
ministères. Aussi, les Nigérians conduisent des églises,
mais sont mieux répartis à travers le pays. À travers les
églises Africaines en Hollande, même certaines églises
traditionnelles Néerlandaises, ou de vieilles églises
évangéliques, sont en cours de renaissance, et ainsi, il
y a des églises blanches qui sont exposées à des méth-
odes Africaines d'adoration et de louange.

Ma propre église a commencé à Bijlmer, et comme
nous grandissions, nous avons déménagé dans un
quartier d'affaires, en dehors de cette partie de la
ville. Nous étions la première église qui a utilisé un
bâtiment d'affaires comme un lieu d'adoration. Peu
de temps après, il y a eu le suivi de plusieurs autres
églises dans la zone à prédominance blanche.
Aujourd'hui, dans un petit quartier d'affaires, il y a au
moins dix à quinze églises. Les autorités parlent d'appeler ce quartier la Rue du Christ ou la Vallée de
Jésus. L'ensemble de ces églises qui ont déménagé

là-bas, sont toutes des églises Africaines, ce qui a changé l'attitude du secteur entier.

Les églises Chrétiennes en croissance rapide à Bijlmer, sont les églises Pentecôtistes et Charismatiques conduites par des Africains. Toutefois, ces églises adorent DIEU dans des circonstances très difficiles, et leurs membres ne sont pas tous riches. Certains n'ont même pas les papiers en règle pour rester en Hollande. Plusieurs habitent dans de petites chambres dans la maison de quelqu'un d'autre, travaillant durs et gagnant juste trois cents dollars comme salaire. Pourtant, plusieurs ont appris à survivre, et dépendent du Seigneur et de Ses promesses.

Je crois que mes frères Africains bien aimés sont comme Joseph; pourtant, DIEU va les amener vers le haut, et les utiliser pour atteindre les Européens et les Américains pour Jésus. Ils sont très spéciaux. Même dans les circonstances les plus difficiles et inhumaines de vie en Europe, plusieurs d'entre eux adorent toujours DIEU avec joie et bonheur.

Peut-être qu'en Christ, ils ont appris à se contenter en toutes choses.

Les Nigérians

Les Nigérians sont très zélés pour DIEU et Son royaume.

Je crois que les Nigérians joueront un rôle croissant dans le Christianisme du vingt-unième siècle.

Une fois, je mangeais avec certains de mes amis, très bons pasteurs Nigérians, et ils m'ont dit ce que les croyants Chrétiens Nigérians considèrent comme leur principal produit d'exportation. Ils disent: les Japonais ont Toyota, les Coréens ont Samsung, les Américains ont General Motors, et nous, nous avons l'évangile. Cela montre comment les Nigérians passionnés et zélés prêchent l'évangile et atteignent des nations pour le Christ. L'Église Rachetée est un exemple de comment les Nigérians pénètrent le monde entier, en commençant à l'intérieur de leur propre pays, ensuite aux autres pays Africains, et finalement au reste du monde. Un de mes amis qui appartient à cette église, a dit une fois que leur devise est «cinq minutes de la maison». Je ne comprenais pas ce qu'il voulait dire, donc, je lui ai demandé d'expliquer. Ce qu'il voulait dire était, qu'ils voulaient établir des églises dans le monde, de sorte que cela prendrait seulement cinq minutes aux gens de marcher de leur maison pour atteindre une église. Pouvez-vous imaginer combien d'églises alors ils auront à établir? Ils font déjà cela au Nigéria, il m'a informé.

Récemment, j'ai animé une conférence dans la zone de la Laguna aux Philippines. J'ai voyagé dans cette région au cours des dix dernières années, et je n'ai jamais pensé que je verrais un Nigérian là-bas. Lors de ce voyage, j'ai rencontré un missionnaire Nigérian faisant le travail de DIEU et évangélisant les Philippines. Les Africains, et en particulier, les

Nigérians, introduisent en Occident un type différent d'adoration et de louange, en ajoutant la dance à cela.

Ils croient que la danse est pour DIEU. Comme ils chantent ou louent, ou quand ils prennent une offrande à DIEU, ils dansent. Ils ne jettent pas simplement les pièces dans les seaux, mais ils dansent, et joyeusement donnent à DIEU.

Ce type d'adoration devient commun maintenant, même parmi certaines églises Européennes. Un jour viendra lorsque plusieurs églises, de l'Ouest ou pas, chanteront des chansons d'adoration, des chansons de louange, et des morceaux de musique qui proviennent de l'Afrique, surtout du Nigéria. J'ai déjà quelques amis qui sont des pasteurs Coréens et Philippins, et qui traduisent des chansons Africaines Anglaises des églises Africaines et du Nigéria en langues Coréenne et Philippine.

Enfin, en choisissant le Nigéria comme une étude de cas dans ce livre, ce n'est pas de mon intention d'exclure d'autres nations Africaines qui sont actives dans la prédication de l'évangile, telles que le Ghana, le Kenya, l'Afrique du Sud, les nations Africaines parlant le Français et le Portugais – tous prennent part dans l'évangélisation mondial.

Les Africains m'ont personnellement béni avec leur amour et encouragement. J'ai toujours trouvé agréable d'adorer et de louer le Seigneur avec eux. Quand j'étais un jeune garçon, et pas encore un croyant, un ami Africain dans ma classe, appelé George et

qui vient du Ghana, a partagé l'évangile avec moi.
J'ai souvent utilisé pour le ridiculiser, mais aujour-
d'hui, je suis reconnaissant qu'il m'ait témoigné.
Même si je ne suis pas devenu un Chrétien tout de
suite, un Africain a planté une graine dans mon coeur
quand j'avais quatorze ans. À cette époque, en tant
que jeune garçon, j'ai rêvé d'aller en Afrique pour travailler là-bas.

Maintenant, je suis béni par plusieurs Africains
dans ma vie. Je mange avec eux, bois avec eux, et
parfois porte leurs vêtements traditionnels. En tant que
jeune garçon, j'avais l'habitude d'écrire des poèmes,
et c'est ce que j'ai écrit il y a de cela plusieurs années:

L'Afrique est dans mon coeur
L'Asie est dans mon sang
Le Blanc est ma couleur
Le Noir est ma fierté

10

LES MIGRANTS CORÉENS

Les Coréens avec leur persistance, leur travail dur, et leur courage, sont l'un des pays exportateurs de migrants du monde. À partir des zones les plus reculées d'Afrique, de l'Amérique Latine, et de l'Extrême-Orient à l'Allemagne, la France, et les États-Unis, vous pouvez trouver des Coréens. En Ukraine, j'ai rencontré des Coréens Ukrainiens qui y vivaient depuis des générations; ils mangeaient de la nourriture Coréenne comme le kimchi improvisé (une salade de légumes Coréenne), et parlaient Coréen. Aussi, dans le nord-est de la Chine, il y a des Coréens Chinois. En Asie Centrale, Ouzbékistan, Tadjikistan, Kazakhstan, il y a des Coréens indigènes.

Rien qu'au Japon, il y a plus de six cent mille Coréens. La majorité d'entre eux étaient nés et ont été élevés au Japon. La colonisation Japonaise de la Corée a apporté beaucoup d'entre eux là-bas, et les cruautés infligées au peuple Coréen tout au long de l'histoire, surtout récemment, sont inoubliables. Ils ont été systématiquement massacrés; les forces militaires Japonaises ont brutalement et massivement abusées des femmes Coréennes (Lee 2008).

Le Christianisme en Corée est relativement jeune. Au cours des cent dernières années, la Corée a connu une Christianisation rapide. Aujourd'hui, un peu plus de 30% du peuple Coréen sont des Chrétiens (Johnstone and Mandrijk 2001). En conduisant à travers la ville Sud Coréenne, j'ai remarqué de nombreuses croix sur les bâtiments dans les rues. Parfois, vous pouvez trouver une église tous les cinq cents mètres. La plus grande Église du Plein Évangile, avec presqu'un million de membres chaque Dimanche, est l'Église du Plein Évangile Yoido en Corée du Sud, qui a débuté avec Dr. David Cho dans les années 1950 (www.fgtv.com).

Selon les statistiques, la Corée du Sud envoie plus de missionnaires que tout autre pays que les États-Unis (Moll 2006). Il y a deux manières par lesquelles les Coréens partagent l'évangile, et plantent des églises. La première manière est la voie classique d'envoyer des missionnaires, sponsorisées par les Églises Sud Coréennes, à d'autres nations. Les missionnaires Coréens sont maintenant presque dans chaque partie du globe: en Afrique, en Asie, au Moyen-Orient, dans les anciens pays Communistes, en Amérique du Sud et Centrale.

J'admire le zèle et la passion que les Coréens ont pour l'évangile, même s'ils ne connaissent pas la langue ou la culture des pays dans lesquels ils sont envoyés. Par exemple, des millions de Coréens ont comblé l'ancienne Union Soviétique avec des prières, et après la chute du Communisme, les Chrétiens Coréens ont investi de vastes sommes d'argent, des ressources, et de la main d'oeuvre pour atteindre ces nations avec l'évangile. Les missionnaires Coréens atteignent maintenant le monde Musulman. Je connais personnellement des Coréens qui ont vendu leurs maisons et leur propriété pour donner aux projets en mission, ou sponsoriser dans le monde entier le travail d'une mission. J'ai donné ma vie à Jésus Christ à travers les efforts et les prières du peuple Coréen, et les Coréens ont toujours sponsorisé mon ministère personnel.

Une autre manière par laquelle les Coréens encouragent le royaume de DIEU est à travers la place du marché. Il y a des Coréens qui habitent au Canada, aux États-Unis, en Australie, les pays développés de l'Europe, et ainsi de suite pour travailler. Ils sont des hommes d'affaires, des propriétaires de magasins, des restaurateurs, ou des employés pour les principales compagnies Coréennes à l'étranger, sans parler de leur implication dans l'éducation et des milieux universitaires. Ils sont souvent des Chrétiens. Ils se trouvent l'un l'autre dans les pays

étrangers, et commencent des églises et des communautés Coréennes. Plusieurs fois, ils s'affilient aux
principales églises de leur pays d'origine pour avoir
un pasteur convenable pour leur église ou communauté. J'appelle ces Coréens qui habitent le monde
Occidental ou moderne, les Chrétiens de la place du
marché. À travers leurs services dans les affaires, le
travail, ou dans différents secteurs de la société, ils
pratiquent leur foi Chrétienne.

Je connais des médecins Chrétiens Coréens qui
ne traitent pas seulement leurs patients avec des systèmes médicaux modernes, mais aussi, ces médecins
prient pour leurs patients, et leur offrent l'évangile de
Jésus Christ. En Allemagne, par exemple, les
Chrétiens Coréens font un merveilleux travail, créant
des communautés de foi. Ces Coréens sont entrés en
Allemagne comme des infirmiers dans les années
1960 et 1970, et sont restés en Allemagne pour faire
leur vie là.

Maintenant, il y a une grande communauté de
Coréens en Allemagne, et ils évangélisent leurs collègues Coréens, et établissent des églises Coréennes.
Ces églises jouent un rôle important dans l'encouragement des Églises locales Allemandes qui souvent,
ne grandissent pas, ou grandissent très lentement. J'ai
un ami pasteur Coréen qui habite en Allemagne, et
fait un travail formidable en servant de pont entre les
églises évangéliques Coréenne et Allemande. De temps
en temps, ils combinent des festivals d'évangile, où ils

prennent des groupes de jeunes Allemands pour aller en Corée, et chanter de la musique Allemande basée sur l'évangile dans les rues, dans les églises, et dans les communautés. Cela motive et inspire les croyants Allemands. Puis, les Coréens feront la louange publique, l'adoration, et des expositions de danse en Allemagne. En d'autres mots, ils échangent les informations, l'inspiration, et la passion les uns avec les autres; de sorte que même le maire de cette ville particulière en Allemagne, a souhaité la bienvenue à ces Chrétiens Coréens, et leur offrent d'utiliser les installations de la ville pour leurs événements et festivals.

Les Coréens au Japon

Il y a approximativement six cent mille Nord et Sud Coréens au Japon aujourd'hui. La majorité d'entre eux étaient nés et élevés au Japon. Ils sont la troisième et même la quatrième génération de migrants parce que la nationalité Japonaise est basée sur la lignée, et ainsi, ces descendants Coréens n'ont pas automatiquement droit à la citoyenneté. Une fois que vous êtes un Coréen, vous êtes pour toujours un Coréen. (Ceci est très dur à comprendre en Occident, où une troisième ou quatrième génération Africaine en Europe ou aux États-Unis, est automatiquement citoyen et obtient la nationalité). Il y a certains Coréens qui ont été naturalisés, et certains enfants issus de mariages inter Coréen-Japonais, sont devenus des ressortissants Japonais aussi.

Presque 1% des 120 millions de personnes au Japon sont soit, des ressortissants Nord ou Sud Coréens, ou des ressortissants Japonais de descendance Coréenne (Lee 2008).

Après l'annexion de la Corée en 1910, le Japon Impérial a forcé les Coréens à devenir leurs sujets. La politique coloniale d'occupation a imposé un contrôle sévère sur la Corée.

Entre les années 1920 et 1930, le Japon a utilisé le sol Coréen pour la production du riz à exporter au Japon. Cela a causé une famine sévère et une pauvreté en Corée, et par conséquent, plusieurs étaient désespérés et ont quitté pour le Japon pour trouver du travail, et aussi fuir la pauvreté à la maison. Entre 1939 et 1945, le Japon, de force, a apporté plusieurs Coréens à l'île pour travailler dans des conditions dures et inhumaines.

Par exemple, ils ont apporté plusieurs jeunes femmes Coréennes au Japon pour servir comme «femmes de bien-être», c'est à dire des femmes qui devaient sexuellement satisfaire les forces militaires Japonaises. Quand les forces Alliées ont vaincu le Japon en 1945, il a été estimé qu'il y avait 2,3 millions de Coréens vivant au Japon (Lee 2008). Cependant, plusieurs, surtout les femmes de bien-être, ont perdu leur honneur, et n'avaient pas d'autre choix que de rester au Japon.

Aujourd'hui, après cinquante ans d'histoire, les Coréens, qui forment le groupe minoritaire le plus grand au Japon, ne sont pas socialement acceptés. Les Coréens au Japon, occasionnellement, sont considérés comme des «problèmes» par les médias de masse sensationnalistes du Japon, et doivent encore être reconnus comme des voisins proches qui ont créé et entretenu une culture ethnique unique. La minorité Coréenne souffre aussi de la discrimination de l'emploi, du bien-être social, du logement, de l'éducation, et de l'acceptation sociale. Les Coréens au Japon ne sont pas qualifiés pour beneficier des avantages du gouvernement Japonais, et les femmes en particulier, souffrent s'il n'y a pas de famille proche qui peut les soutenir. Plusieurs Coréens âgés au Japon vivent seuls, et une incapacité d'accéder même aux services de bien-être de base, a poussé beaucoup à lutter pour survivre de leur vieillesse.

Fait intéressant, malgré la discrimination, il y a plusieurs églises Chrétiennes Coréennes au Japon qui aiment atteindre le peuple Japonais. Il y a plusieurs pasteurs et missionnaires Coréens servant dans les églises Chrétiennes là-bas que les Chrétiens Japonais visitent.

C'est beau à voir quand les Chrétiens Coréens et Japonais adorent le Seigneur ensemble. Seul Christ peut faire asseoir à la table de la fraternité et d'amour pour pardonner et être pardonné deux nations qui étaient si hostiles l'une à l'égard de l'autre. Les Coréens au Japon, encore, montrent un bon exemple de comment DIEU oint la nation colonisée, dans ce cas la Corée, pour atteindre la nation qui les a colonisé avec l'évangile du Christ, tout comme les Hébreux l'ont fait dans l'Empire Romain. En vérité, ce sont des migrants bénis.

CONCLUSION

Vous avez lu les «Migrants Bénis», y compris des réc-
its de ceux de la Bible, et de ceux qui vivent aujour-
d'hui.

Pourtant, il y a plusieurs autres migrants de différentes nations comme l'Inde, l'Indonésie, ou
l'Amérique Centrale et du Sud, qui sont aussi importants que ceux mentionnés dans ce livre. Vous avez
deux possibilités: soit vous êtes un migrant, ou vous
êtes un hôte. Si vous êtes un migrant, alors je vous
mets au défi de construire des ponts, et d'accepter la
nation dans laquelle vous vivez. Apprenez la langue
et connaissez la culture, mais ne jamais s'incliner aux
choses de ce monde que la culture du pays d'accueil
vous offre. Vivez une vie de dignité et d'intégrité
envers le peuple indigène. Ne jamais les maudire
avec de mauvaises paroles.

Ne jamais dire du mal d'eux. Si vous êtes un
migrant qui traverse des temps difficiles et/ou de

lourds moments d'ajustement, alors rappelez-vous ce que le Seigneur a promis:

> Il ne faut donc pas que l'étranger Qui s'est attaché au Seigneur Aille s'imaginer: «Le Seigneur me met à part, à l'écart de son peuple». Il ne faut pas non plus que l'eunuque se mette à dire: «Je ne suis qu'un arbre sec». Car voici ce que le Seigneur déclare: «Si un eunuque respecte mes sabbats, s'il choisit de faire ce qui m'est agréable, s'il se tient à l'engagement que j'attends de mon peuple, alors je lui réserverai, sur les murs de mon temple, un emplacement pour son nom. Ce sera mieux pour lui que des fils et des filles. Je rendrai son nom éternel, rien ne l'effacera». Quant aux étrangers qui se sont attachés au Seigneur Pour l'honorer et pour l'aimer, pour être ses serviteurs, Le Seigneur: «S'ils respectent avec soin le sabbat, s'ils se tiennent à l'engagement que j'attends de mon peuple, alors je les ferai venir sur la montagne qui m'est consacrée, je les remplirai de joie dans ma maison de prière, j'accueillerai avec faveur les divers sacrifices qu'ils m'offriront sur l'autel. Car on appellera ma maison «Maison de prière pour tous les peuples». (Ésaie 56:3–7)

DIEU entend les cris des migrants. DIEU accepte leurs prières, et répond à leurs besoins quand ils se lient eux-mêmes à Jésus Christ. Tout comme les Israélites en Égypte, ils étaient un peuple migrant dans une nation. Les Égyptiens les ont asservi et abusé d'eux, et DIEU a entendu leurs cris, et a envoyé Moise pour les libérer. Aux migrants d'aujourd'hui, le Seigneur a entendu vos cries, et Il a envoyé quelqu'un plus grand que Moise pour vous – Jésus Christ. Quand vous vous liez à Lui, Il vous libérera. Il vous poussera vers le haut, et vous aidera à atteindre vos rêves. Je suis un témoin vivant, et le témoignage de ce fait.

Comme un migrant, vous devez comprendre que vous avez une double onction; donc, vos prières seront puissantes et effectives. Servez le Seigneur, et essayez d'atteindre le plus d'âmes que vous le pouvez. Prêcher leur, non pas par des paroles, mais par des actes et votre vie. Vous n'êtes pas juste un migrant. Vous êtes un ambassadeur envoyé par DIEU à la nation dans laquelle vous habitez maintenant.

Les croyants indigènes doivent réaliser que les migrants sont les portes à la renaissance de leur pays. Atteigner les migrants, et témoigner leur par vos actes. Aider les s'ils ont besoin d'aide; guider les s'ils ont besoin de conseil. Faire tout votre possible pour atteindre les migrants, et transformer les de migrants ordinaires en migrants bénis. Aussi, reconnaissez et bénissez l'existence d'églises migrantes et d'associations dans votre pays. Quand vous le faites, alors, DIEU vous bénira, vous et votre pays. En s'unissant avec humilité et en travaillant avec eux, DIEU bénira votre pays. Il fera tomber les forteresses dans votre pays, et pardonnera les péchés passés de votre nation.

Le Saint-Esprit visitera votre pays. Rappelez-vous que les migrants bénis sont les enfants d'Abraham, juste comme vous êtes. Bien qu'ils adorent et prient différemment, ils croient tous au Seigneur Jésus Christ, et au pouvoir du Saint-Esprit. Rappelez-vous ce que DIEU a promis à Abraham, le Père des Nations, et le plus grand migrant béni:

> Le Seigneur dit à Abraham: «Quitte ton pays, ta parenté et la maison de ton père et va dans le pays que je te montrerai. Je ferai naître de toi une grande nation; je te bénirai et je rendrai ton nom célèbre. Tu seras une bénediction pour les autres. Je bénirai ceux qui te béniront, mais je maudirai ceux qui te maudiront. A travers toi, je bénirai toutes les nations de la terre». (Genèse 12:1–4)

Ne pas les exclure. Ne pas les rejeter. Rappelez-vous, Jésus a dit: «On appellera ma maison maison de prière pour tous les peuples»». (Marc 11:17). Je veux conclure avec cette histoire vraie:

> À chaque fois que je sens que je suis fier, ou que je dois être humilié dans mon coeur, j'appelle un migrant. La plupart du temps, un frère Africain vient au podium durant le service religieux ou une conférence.
>
>   Souvent, je choisis celui qui a besoin d'encouragement. Puis, je prend un seau d'eau chaude

avec une serviette, et lave les pieds de ce migrant. Et comme je lui lavais ses pieds, je vois des larmes couler sur son visage.

Puis, j'essuie ses pieds avec la serviette, et je lui dis que DIEU l'aime, et qu'il peut faire cela, tout comme je l'ai fait. Je lui dis que j'ai aussi traversé la situation dans laquelle il se trouve maintenant. Je lui dis que, si je peux le faire, lui aussi peut le faire parce que nous sommes tous les enfants du Très-Haut DIEU à travers le Christ, et nous sommes aussi la descendance d'Abraham. Nous sommes tous des migrants bénis.

BIBLIOGRAPHIE

Anderson, Allen. *An Introduction to Pentecostalism*. Cambridge, UK: Cambridge University Press, 2004.

Johnstone, Patrick et Jason Mandrijk. *Operation World*: 21st Century Ed. Carlisle, UK: Paternoster Lifestyle, 2001.

Lee, Samuel. *Understanding Japan through the Eyes of Christian Faith*. Second Ed. Lincoln: iUniverse, 2008.

Moll, Rob. "Missions Incredible." *Christianity Today. March 2006*. March 2006. www.christianitytoday.com

Overseas Filipino. Wikipedia. www.wikipedia.org . March 2008.

Pentecostal Power: a new poll sheds light on this fast-growing global religious movement. Pew Research Center Publications. www.pewresearch.org. October 2006.

Yoido Full Gospel Church. www.fgtv.com. March 2008.

Au Sujet de l'auteur

Samuel LEE est diplômé de l'Université de Leiden avec un diplôme en Sociologie des Sociétés Non-Occidentales. Il a aussi un doctorat en Sociologie, et une Habilitation de l'Université de Herisau. Il se spécialise dans la sociologie culturelle et religieuse au Japon. Ses quatre années de recherche en Habilitation résultent du livre: Redécouvrir le Japon, la Réintroduction de la Chrétienté: 2000 ans d'Histoire du Christianisme au Japon (University Press of America: les Livres Hamilton, 2010).

Samuel LEE est le fondateur et président des Ministères de la Fondation Jesus Christ, et aussi de l'Évangélisme Mondial Samuel LEE, qui atteint des nations avec l'évangile de Jesus Christ. Il a établi des églises et des ministères à Chypre, au Ghana, au Nigéria, et aux Philippines.

L'Évangélisme Mondial Samuel LEE offre gratuitement des cassettes/vidéos/CDs et DVDs à tous ceux qui résident dans les pays en développement ou sous-développés. À partir des cellules de prison en Afrique du Sud, aux écoles au Ghana, ou des églises au Japon, en Corée, et aux Philippines, le ministère Samuel LEE atteint plus de 80 pays dans le monde entier.

Il est aussi le fondateur et président de Foundation University: Education Sans Frontière, qui offre gratuitement des cours particuliers d'éducation théologique et académique pour des migrants moins privilégiés et des citoyens du monde en développement. Foundation University est une institution privée à but non-gouvernementale, et un membre de l'Association d'Accréditation Évangélique Européenne.

Samuel LEE a travaillé pour créer et soutenir des programmes pour les droits des sans-papiers en Hollande, et il a aidé à établir des organisations de défense des droits de ces migrants. Il a aussi gagné un prix en 2008, d'une organisation appelée «African Roots Movement» pour sa solidarité avec la communauté Africaine à Amsterdam.

Il a souvent été un invité sur les programmes de télévision pour la «*Family 7*», une Chaîne de télévision Chrétienne Néerlandaise, ainsi que sur le «*Roth Sid Show*» aux États-Unis d'Amérique. Il a été présenté dans différents journaux Chrétiens en Hollande, tels que le journal Nederlandse Dagblad (6 Octobre 2007).

En Novembre 2004, il était en vedette sur la couverture de *Ministries Today*, une revue pour les dirigeants Chrétiens aux États-Unis d'Amérique.

Il est l'auteur de plusieurs livres dont le dernier publié en début 2010, Redécouvrir le Japan, la Réintroduction de la Chrétienté: 2000 ans d'Histoire du Christianisme au Japon (University Press of America: Hamilton Books), et en Février 2008, Comprendre le Japon à Travers les Yeux de la Foi Chrétienne (iUniverse). Ses autres titres comprennent les éléments suivants: Le Voyage avec Paul: Une Étude Simplifiée des Livres de Pauline (Foundation University Press), Père – une Histoire d'Amour Indicible (Xulon Press), Les Migrants Bénis: Une Perspective Biblique sur la Migration et ce que Tout Migrant a Besoin de Connaître (Foundation University Press). Son autobiographie s'intitule Soldat de la Croix: L'Histoire Étonnante d'un Musulman qui a rencontré le Christ (Maison Création).

De plus, Samuel LEE, avec son livre, «Comprendre le Japon à travers les Yeux de la Foi Chrétienne», a contribué à former et à inspirer des centaines de missionnaires à atteindre le peuple Japonais avec l'évangile de Jesus Christ.

Il est membre de diverses associations scientifiques et Chrétiennes, telles que l'Association des Sociologues Chrétiens, la Société Sociologique Japonaise (Université de Tokyo), l'Association d'Accréditation Évangélique Européenne, l'Association Missionnaire Évangélique Japonaise, et plusieurs autres institutions.

Samuel LEE, sa femme Sarah, et leurs trois enfants, habitent à Amsterdam.

Au Sujet des Ministères JCF

Les Ministères de la Fondation Jesus Christ est le nom du groupe pour tous les ministères et les services offert par Samuel LEE. Les Ministères de la Fondation Jesus Christ comportent les organisations suivantes:

✟ Les Églises de la Fondation Jesus Christ
✟ La Fondation d'Aide aux Enfants Jesus Christ
✟ L'Évangélisme Mondial Samuel LEE
✟ Foundation University
✟ Foundation University Press

LES SITES WEB DU DOCTEUR SAMUEL LEE

✝ www.jcfchurch.com
✝ www.slwe.net
✝ www.foundationuniversity.com
✝ www.blessedmigrants.org
✝ www.projectjapan.org
✝ www.samlee.org (Blog personnel)

Inviter Docteur Samuel Lee

Pour inviter Samuel LEE à parler, s'il vous plaît, con-
tacter info@slwe.net

Samuel LEE est disponible à donner des con-
férences ou des séminaires sur les sujets suivants:

✠ «Le Séminaire sur les Migrants Bénis» décrit le
rôle des migrants à la fois dans la Bible, ainsi que
dans le contexte mondial actuel.

✠ «Oint pour la Vocation»: Découvrir Votre
Vocation et Transformer le Monde, traite de ques-
tions telles que, «Quelle est ma vocation?», et
«Pour ce que DIEU m'a oint dans la vie?».
Rappelez-vous, il n'y a pas de chômage dans le
Royaume de DIEU.

✠ «Ne me touchez pas Satan» est un séminaire de
défi sur la guerre spirituelle, et la stratégie pour
avoir une vie pleine de victoires. Divers facteurs
spirituels sont discutés dans ce séminaire, nous

aider à vivre nos vies sur les lignes de front offensif.

✠ «Comprendre le Japon» est conçu pour ceux qui sont intéressés au Japon, et ceux qui ont la vision de partager l'évangile avec le peuple Japonais. Samuel LEE systématiquement, explore les divers aspects de la culture Japonaise, de la société, et de l'histoire missiologique de l'Église.

✠ «Voyage à travers l'Ancien Testament» est un séminaire d'une semaine à dix jours, traitant des bases très importantes de l'Ancien Testament.

✠ «L'Apôtre Paul» est un séminaire d'une semaine, traitant des aspects très importants de la théologie de l'Apôtre Paul.

✠ «L'Église, la Pauvreté, et la Transformation Sociale» est un séminaire de deux jours sur le rôle de l'Église dans la société pour faire avancer le Royaume de DIEU, afin d'enfanter la transformation sociale dans nos pays. Ce séminaire est créé pour encourager l'unité entre différentes confessions, ainsi que de promouvoir l'établissement du Christianisme autochtone; ce séminaire est spécialement conçu pour les Chrétiens du monde en développement.

D'AUTRES LIVRES PAR SAMUEL LEE

- **Les Migrants Bénis**, 14.95 dollars/12.95 euro

Une Perspective Biblique sur la Migration et ce Que Tout Migrant a Besoin de Connaître.

Aussi disponible en Livre Audio, 24.95 dollars/19.95 euro. Format MP3, 12.95 dollars/9.95 euro

- **Soldat de la Croix**, 14.95 dollars/12.95 euro

L'Histoire Étonnante d'un Homme Musulman Qui a Rencontré le Christ

Aussi disponible en d'autres langues: Italienne, Coréenne, Japonaise.

- Père, Une Histoire d'Amour Indicible, 14.95 dollars/12.95 euro

Le Coeur de DIEU, le Père, vous sera révélé de façon particulière

Aussi disponible en d'autres langues: Coréenne, Farsi, et Tagalog

- *Oint pour la Vocation*, 14.95 dollars/12.95 euro

Découvrir votre vocation et transformer le monde

Aussi disponible en d'autres langues: Français et Coréen

- *Comprendre le Japon à Travers les Yeux de la Foi Chrétienne*, 16.95 dollars/14.95 Euro

Un manuel sociologique pour tout Chrétien qui est intéressé à atteindre le peuple

Japonais avec l'évangile de Jesus Christ

- *Voyage avec Paul*, 14.95 dollars/12.95 euro

Une Étude Simplifiée des Livres Pauline

- *Redécouvrir le Japon, la Réintroduction de la Chrétienté*, 29.95 dollars/24.95 euro

2000 ans d'Histoire du Christianisme au Japon

LES SERMONS AUDIO

Les Series CD

- Ce que la Générosité peut faire? Boîte 3CD, 19.95 dollars, 14.95 euro
- Ne me Touchez pas Satan: Boîte 7CD, 34.95 dollars, 19.95 euro
- Quand Vous Traversez des Épreuves: Boîte 3CD, 19.95 dollars, 14.95 euro
- Le Royaume des Cieux: Boîte 3CD, 19.95 dollars, 14.95 euro
- Vous et DIEU: Boîte 3CD, 19.95 dollars, 14.95 euro
- Le Pouvoir de la Vision: Boîte 2CD, 12.95 dollars, 9.95 euro

CD Titre Unique

- Le témoignage de Samuel LEE, 7.95 dollars, 5.95 euro
- S'attendre à un Miracle, 7.95 dollars, 5.95 euro
- Quatre coins de la Foi, 7.95 dollars, 5.95 euro
- La Pentecôte vraie, 7.95 dollars, 5.95 euro
- Le Coeur, 7.95 dollars, 5.95 euro
- Comment Rester dans votre Vocation, 7.95 dollars, 5.95 euro
- Justice et Grâce, 7.95 dollars, 5.95 euro
- Ce que l'Espoir peut faire? 7.95 dollars, 5.95 euro
- Qu'est-ce qui est Si Spécial au sujet de la Femme? 7.95 dollars, 5.95 euro
- Le Facteur DIEU, 7.95 dollars, 5.95 euro
- Le Manifeste de la Grâce, 7.95 dollars, 5.95 euro
- Le Pouvoir de l'Amour, 7.95 dollars, 5.95 euro

Les Series DVD

- Ce que la Générosité peut faire? Boîte 3DVD, 38.95 dollars, 29.95 euro
- Ne me touchez pas Satan: Series Guerre Spirituelle, Boîte 7DVD, 90.95 dollars, 69.95 euro
- L'Église: Boîte 4DVD, 51.95 dollars, 39.95 euro
- Quand Vous Traversez des Épreuves: Boîte 3DVD, 38.95 dollars, 29.95 euro

- Les Series I Will: Les Promesses de DIEU à travers la Bible, Boîte 3DVD, 38.95 dollars, 29.95 euro
- Je suis «La Clé du Succès et du Bonheur»: Boîte 2DVD, 25.95 dollars, 19.95 euro

DVD Titres Uniques

- Le Mariage, 12.95 dollars, 9.95 euro
- Les Relations et les Frontières, 12.95 dollars, 9.95 euro

www.ingramcontent.com/pod-product-compliance
Lightning Source LLC
LaVergne TN
LVHW051837080426
835512LV00018B/2931